FAYEL,

TRAGÉDIE.

Moutons.

Act. 1. S. dernière.

FAYEL,

TRAGÉDIE,

Par M. D'ARNAUD

NOUVELLE ÉDITION.

. . . . . . *Furit, æstuat, ardet.*

A PARIS,

Chez DELALAIN, Libraire, rue de la Comédie
Françoise.

M. DCC. LXXVII.

Avec Approbation & Privilége du Roi.

PRÉFACE.

QUELQUES perſonnes, peut-être encore moins convaincues que moi-même de l'inſuffiſance de mes talens, auront pu me condamner à traîner mes pas dans l'intérieur borné des cloîtres, dans l'uniforme obſcurité des tombeaux : emporté par l'attrait de la nouveauté, qui nous enflamme quelquefois au défaut du génie, j'ai quitté l'étroite carrière que j'ai ouverte à peine, & j'ai eu la préſomption d'entrer dans un champ beaucoup plus étendu. L'indulgence avec laquelle on a daigné accueillir mes premiers eſſais, m'a inſpiré une eſpèce d'audace dont je voudrois bien que le ſuccès contribuât au profit de l'art dramatique. Quand je n'aurois que le médiocre avantage de faire naître des idées que des eſprits plus éclairés ſçauroient mettre en œuvre, ma vanité auroit lieu de s'applaudir ; & ſi l'on retranche cette légère ſatisfaction de l'amour-propre, quelles ſeront les récompenſes de l'homme de lettres ? où ſera le puiſſant aiguillon qui l'excite à ſe priver de tous les plaiſirs, & à braver ſouvent l'ingratitude de ſes contemporains, & preſque toujours l'oubli de la poſtérité ?

a iij

Le genre
terrible.

J'ai donc ofé paffer du *genre fombre* au *genre
terrible* ; c'eſt le nom que je donne à la *tragédie par excellence*, la *terreur* étant fans contredit
un des plus puiſſans reſſorts de l'action théâtrale. Les
Grecs, & les feuls Anglais après eux, dans quelques
fcènes, nous ont expofé de magnifiques tableaux de
ce genre ſi *tragique* & ſi vigoureux. Ayons le courage
de dire hautement ce que beaucoup de perſonnes inſ-
truites n'ont eu juſqu'ici la force que de dire tout
bas, & duſſions-nous armer contre nous la malignité
de la cenſure, ſçachons préférer la vérité à ces timi-
dités de convenances qui font ſi nuiſibles au progrès
des arts.

Corneille
a-t-il atteint
but de la
goût?

Corneille aſſurément eſt le créateur du théâtre Français ; il a parcouru la carrière la plus brillante ; il eſt
admirable par la variété, la fécondité & la profondeur des caractères, par l'énergie de l'expreſſion, la
nobleſſe des fentiments ; mais ce grand homme, ne
craignons point auſſi de le demander, a-t-il bien atteint le but tragique ? Ces diſcuſſions politiques, ces
tiſſus de maximes qui font tant de tort à la vivacité du

Ces tiſſus de maximes. C'eſt cette fureur de débiter fans ceſſe
des maximes qui rend Thomas Corneille quelquefois infuppor-
table. Il falloit avoir le génie de l'aîné pour imprimer à ces

dialogue, ces raisonnemens approfondis sur la nature des gouvernemens, les vastes projets de l'ambition développés, la grandeur Romaine présentée sous tant de faces, tous ces moyens si sublimes d'ailleurs & qu'affermit toute la vigueur d'un génie inimitable, sont-ils bien de l'essence du poëme théâtral ? Le drame ne doit vivre que de l'effervescence des passions, n'agir que par des mouvements décidés & rapides, & je ne vois que le cinquiéme acte de Rodogune, où le grand Corneille ait frappé tous les coups réunis de la *terreur*, c'est-là qu'il se rend maître de moi, me fait craindre, frissonner ; je suis prêt à m'écrier ; j'éprouve ce bouleversement des sens, tous ces divers orages qui doivent agiter Antiochus, Rodogune, Cléopatre, &c. A ce flux & reflux de mouvements contraires, à cette mer soulevée, si l'on peut le dire, dans mon ame, je reconnais l'empire du poëte tragique.

Où Racine a-t-il déployé le spectacle imposant du

(marginal note:) Le cinquiéme acte de Rodogune, un des plus tragiques qu'on ait vus au théâtre.

---

déclamations l'intérêt de la grandeur & du sublime, au lieu que l'autre n'est qu'un froid raisonneur, qui par cette étrange manie de vouloir *faire de l'esprit*, répand de la glace sur les scènes les plus heureuses. Il faut pourtant excepter des drames auxquels nuit cette froideur *raisonnée* qui fait le caractère distinctif de Thomas Corneille, Ariane, le Comte d'Essex, & sur-tout la première pièce.

terrible ? La magie de son style nous entraîne ; il nous

attendrit ; il répand dans sa diction toutes les graces de
l'amour ; nous reffentons une continuité agréable de
douces émotions, mais point de ces fecouffes violentes
qui décident les grands effets de la fenfibilité ; il touche,
charme : mais il ne déchire pas ; il ne laiffe point,
après la repréfentation, de ces traits gravés profon-
dément, que l'on conferve encore dans la froideur du
cabinet, tels par exemple que font ces impreffions fi
prolongées & fi délicieufe qu'excite la lecture du roman de Clariffe.

Crébillon peut-être a connu mieux que ces deux
rivaux de la fcène, le *caractère propre* de la tragédie :
mais avec la même franchife que nous avons rifqué
notre façon de penfer fur Corneille & fur Racine,
avouons qu'il eft fâcheux que cet homme de génie ait
négligé l'élégance & la correction du ftyle, la variété
des plans, qu'il ait auffi peu travaillé, & qu'en un mot
il n'ait pas tiré parti de toutes les richeffes *tragiques* qu'il poffédoit. Son Atrée eft fans doute le

_____

Son Atrée eft fans doute. Quand on dit que l'Atrée eft la pièce
qui approche le plus du *genre terrible*, on entend l'enfemble de
l'ouvrage. Affurément le IV.e acte de Mahomet eft du plus
grand tragique que nous connaiffions : mais le *terrible* n'eft pas
le caractère de la pièce, ce font des beautés d'un autre
genre.

drame qui approche le plus de ce genre *terrible* ; le caractère principal eft d'une vigueur de pinceau dont nous n'avons point d'exemple. Convenons auffi que la vengeance d'Atrée, concertée depuis fi long-tems, & qui eft exécutée à froid, infpire plutôt l'*horreur* que la *terreur*. La double réconciliation achève de rendre ce perfonnage révoltant ; quelques beautés qu'il renferme, il infpire une efpèce de dégoût ; applaudiffons-nous au refte de ce fentiment : il fait honneur au cœur humain. On veut que la réflexion nous ramène toujours à cette fenfibilité, à cette compaffion fi précieufe pour l'ame, & qui a été défignée dans ces vers :

. . . . La pitié dont la voix,
» Alors qu'on eft vengé, fait entendre fes loix.

Au lieu qu'on eft tenté de pardonner aux premiers mouvemens de la paffion ; on reconnaît la nature de l'homme, on fe reconnaît foi-même, & un perfonnage, qui fe trouve dans cette fituation, excite toujours l'intérêt.

C'eft donc ce premier mouvement de la vengeance, & les tranfports impétueux d'une des paffions les plus cruelles, lorfqu'elle eft animée par la jaloufie, que j'ai trouvés réunis dans l'admirable fujet de

FAYEL.
Le sujet peut
être le plus
tragique.

FAYEL. Rien, en effet, de plus vraiment *tragique* ; rien de plus propre à ces grands développemens, qui font l'âme du drame. Les rôles de Rhadamiste & d'Othello, quelque beaux qu'ils soyent, font inférieurs à celui de FAYEL ; les convulsions de la fureur ; l'excès monstrueux d'une vengeance qui n'aura point d'imitateurs (il faut l'espérer pour le bonheur de l'humanité ;) les tourmens continuels qui déchirent le cœur d'un malheureux époux, forment un caractère que l'on peut regarder comme le chef-d'œuvre de *la nature théâtrale* ; c'est Milon le Crotoniate, dont les souffrances se font sentir sous le ciseau du Pujet, & attachent l'œil du spectateur. Le dernier degré de perfection qui se rencontre dans ce personnage, c'est, comme je l'ai déjà observé, qu'on ne peut lui refuser le sentiment de la compassion, sentiment qu'on est bien éloigné d'accorder à Atrée. Autre avantage : ce mari furieux souffre encore plus que la triste victime de sa jalousie. Quelle excellente morale nous offre le supplice d'un cœur qui est son propre bourreau ! Voilà de ces caractéres qu'Aristote mettoit à la tête des inventions dramatiques. Je ne sçache qu'Orosmane qui ait quelque ressemblance avec FAYEL ; encore lui est-il inférieur pour l'activité des mouvemens & pour la profondeur des traits. Il ne manque à un tel sujet que la touche puissante d'un moderne Crébillon. Que n'ai-je pu le rendre avec le même enthousiasme que je l'ai conçu !

Je ne m'arrêterai pas autant sur les autres rôles, ils ont beaucoup moins d'action ; cependant je crois qu'un de nos maîtres auroit pu faire briller également la richesse de son pinceau, en présentant sous une couleur moins vive & plus fondue le tableau de la douleur touchante de GABRIELLE. Cette image attendrissante contraste admirablement bien avec le grand spectacle des fureurs de FAYEL ; d'ailleurs on est sûr d'attacher, lorsqu'on expose les combats de la vertu, luttant contre un sentiment aussi naturel que l'amour.

Caractère touchant de GABRIELLE DE VERGI.

J'ai voulu dépeindre dans VERGI un de ces anciens chevaliers qui n'avoient d'autre passion que l'honneur; il est aisé pourtant de distinguer à travers cette noble fermeté les mouvements de la tendresse paternelle.

VERGI. Caractère d'un de nos anciens chevaliers.

Le caractère de COUCI auroit eu encore besoin d'une touche délicate & brillante; j'aurois desiré donner une idée de cet esprit de galanterie & de bravoure qui animoit nos jeunes paladins, de ce singulier alliage d'attachement à la religion qui alloit souvent jusqu'au fanatisme, & *d'amour pour les Dames*, dont

RAOUL DE COUCI. Caractère d'un jeune paladin.

l'excès conduifoit quelquefois au fublime égarement de Don Quichotte. Il eft vrai que cette fureur de chevalerie, manie aujourd'hui oubliée, a produit peutêtre les plus belles actions de notre vieille nobleffe, & qu'elle fait encore, fans qu'on s'en apperçoive, la bafe du caractère national : nous en voyons mille exemples ; il n'y a perfonne de nous qui, en ouvrant un de nos anciens romans des croifades, ne fe fente excité par un vif intérêt, que certainement on n'éprouvera pas à la lecture des romans d'un autre genre. Quel plaifir ne goûtons-nous pas à voir tranfporter Lufignan fur notre fcène ! quel charme n'ont pas ces vers pour des oreilles françaifes :

La chevalerie a produit peutêtre les plus belles actions des françals.

» Je combattois, feigneur, avec Montmorenci ;
» Melun, Deftaing, de Nefle, & ce fameux Couci?

Nous aimions à entendre Tancrede dire à fes écuyers :

» Vous, qu'on fufpende ici mes chiffres effacés :
» .   .   .   .
» Que mes urnes fans fafte, emblême des douleurs.

Melun, Deftaing, &c. On ne fçauroit trop accueillir ce genre de tragédie nationa'e ; la poéfie rentre alors dans toute la dignité de fon origine, & l'auteur dramatique devient le dépofitaire des faftes de fes concitoyens & le hérault de leur gloire ; il les encourage à la vertu, réchauffe les ames languiffantes, en élevant fur le théâtre les trophées de nos ancêtres. C'eft ainfi que le fpectacle peut devenir utile, & produire de grands effets ; il eft vrai qu'il ne feroit pas auffi divertiffant que l'opera comique, Nicolet, les *Comédiens de bois*, &c.

» Telles que je les porte au milieu des batailles,
» Ce simple bouclier, ce casque sans couleurs
» Soyent attachés sans pompe à ces tristes murailles.
» Consacrez ma devise, elle est chère à mon cœur :
» Elle a dans les combats soutenu ma vaillance,
» Elle a conduit mes pas & fait mon espérance ;
» Les mots en sont sacrés : c'est *l'amour* & *l'honneur.*
» Lorsque les chevaliers descendront dans la place,
» Vous direz qu'un guerrier qui veut être inconnu,
» Pour les suivre aux combats dans leurs murs est venu...»

Ce vernis de chevalerie est une source de beautés, que j'ai entrevue comme tant d'autres qui résultoient de cette Tragédie, c'est-à-dire que je suis parvenu à me convaincre de mon incapacité d'exécuter, en m'applaudissant d'avoir pu concevoir quel parti le talent pouvoit tirer de mon sujet.

Je ne sçais si l'on approuvera la loi que je me suis imposée, de rejetter le moindre *accessoire.* Je n'ignore pas que la mode recherche ces faux ornements, qu'on

Rejetter accessoire

Rejetter le moindre accessoire. Je suis presque convaincu que si l'on dépouilloit la plûpart de nos pièces de théâtre de tout cet esprit, qui surcharge le sujet, il ne resteroit peut-être pas deux cens vers qui appartinssent réellement au fond du drame ; encore une fois, lisons, relisons Clarisse ; voilà le modèle que nous devons avoir sans cesse devant les yeux pour la vérité de l'action, pour la nécessité des moyens, pour la correspondance des scènes, pour la sobriété des *accessoires*, &c.

acquiert par-là des succès éphémères : mais un écrivain qui a le malheur d'avoir quelque idée du vrai &
d'aimer la littérature pour elle-même, doit-il être
bien sensible à cette sorte de réputation ? J'avois assu-
rément un beau champ ouvert à d'orgueilleuses déclamations, & à des *paquets* de vers contre les croisades : j'ai cru qu'il falloit sacrifier les détails brillants,
& conserver davantage la vérité du ton & l'heureuse
simplicité des caractères, faire oublier le poëte & le
raisonneur pour qu'on n'entendit parler que VERGI ;
COUCI, &c, comme ils ont dû parler en effet dans le
siécle où ils vivoient. Par ce moyen, le costume de
mœurs est mieux observé, & l'ouvrage, dépouillé de
ce faste théâtral, qui n'est que l'abus & l'indigente
bouffissure de l'art, en devient plus intéressant &
mène plus sûrement au but que l'auteur doit s'être
proposé. C'est-là le mérite des anciens, sur-tout des
Grecs. Il est vrai que des beautés, qui ne sont point
détachées, marquent moins : mais l'ensemble d'une
piéce dégagée de ce luxe de l'esprit, est bien plus
nourri, plus propre à la fable que l'on traite. Où Racine a-t-il puisé la richesse du rôle de Phédre, cette
effusion de sentiment à laquelle l'art n'atteindra jamais, si ce n'est dans l'attention scrupuleuse qu'a eue

te grand homme de ne point prêter à ce caractère des
traits étrangers ?

J'ai suivi pour mes actes la même disposition que
dans COMMINGE & dans EUPHEMIE. Au moins puis-
qu'on s'est asservi à cette distribution puérile, ne faut-
il pas la soumettre au compas & à l'équerre; mes
premiers actes font beaucoup plus étendus que mes
derniers. J'ai cédé au cours naturel de l'action, & ce surleractes
n'est pas par l'action qui a été mon esclave; tous les
gens sensés doivent trouver ridicule de couper la
durée d'une passion en cinq morceaux, & ensuite de
jetter dans cette division artificielle une égalité de
proportions, comme si toutes les parties de notre
corps devoient avoir la même étendue. Nous agissons
à-peu-près à l'égard de nos actes tel que ce brigand
qui couchoit sur un lit de fer les malheureuses victimes de sa cruauté, & qui, en les mutilant, racour-
cissoit ou étendoit leurs membres, suivant qu'ils ex-
cédoient la longueur du lit, ou qu'ils ne la remplis-
soient pas assez. Cette pédantesque mesure d'actes est
pourtant une bisarrerie absurde consacrée par les
chefs-d'œuvres de nos maitres. Devons-nous en cela
les imiter ? C'est ce que je prens la liberté de demander à nos littérateurs.

Il sera aisé de juger que je n'ai point adopté cette

parcimonie de paffions qui fe fait remarquer dans quelques-uns de nos drames modernes, & qui les défigure. J'ai toujours obfervé que la nature étoit la bafe de tous les arts d'imitation, & qu'il étoit contre la vraifemblance de préfenter une froide pantomime qui n'a d'autre mérite que quelques *effets* : encore ces *effets* font-ils ordinairement amenés avec une mal-adreffe qui nuit à l'intérêt. Les rôles *raifonnés* doivent néceffairement avoir plus d'étendue que les rôles *fen-tis.* VIRGI, proportions gardées, parle plus que FAYEL, parce qu'il eft moins agiffant, & que l'ef-prit de la vieilleffe eft la prolixité & l'abondance de l'expreffion. Peut-être ces perfonnages ont-ils moins de roideur que ces rôles enflammés, qui à la longue fatiguent & quelquefois *outrepaffent* le naturel, au lieu que l'éloquence d'un vieillard fe répand avec plus de douceur & d'attendriffement dans notre ame. Le fentiment préférera le *babil fublime* de Neftor, au farouche laconifme d'Ajax & de Philoctete. Je ne fuis pas étonné que bien des perfonnes fenfibles revien-nent plus fouvent à la lecture de l'Odyffée qu'à celle de l'Iliade. Le premier de ces poëmes n'a pas la chaleur, l'impétuofité du fecond : mais il eft plus

touchant,

touchant, plus à la portée de l'homme; on y retrouve plus son cœur, & tout ce qui nous rapproche de nous est cher & précieux à notre faiblesse; nous admirons les héros : nous conversons avec nos amis. Quelle est la raison qui nous ramène sans cesse à Racine, à la Fontaine, si ce n'est ce développement continuel de sentiment, & ce charme de vérité dont les autres écrivains en vers sont si éloignés ? Pourquoi les rôles subalternes d'Atalide, d'Ari-

L'abondance éloquente de Racine fait son principal mérite

Ce développement continuel de sentiment. Écoutons M. de Voltaire : « Gardons-nous, dit-il, de chercher dans un grand » appareil, & dans un vain jeu de théâtre un supplément à l'in- » térêt & à l'éloquence. Il vaut cent fois mieux, sans doute, » sçavoir faire parler ses acteurs que de se borner à les faire » agir. Nous ne pouvons trop répéter que quatre beaux vers » de sentiment valent mieux que quarante belles attitudes. Mal- » heur à qui croiroit plaire par des pantomimes avec des solé- » cismes, ou avec des vers froids & durs, pires que toutes » les fautes contre la langue : il n'est rien de beau en aucun genre » que ce qui soutient l'examen attentif de l'homme de goût. » L'appareil, l'action, le pittoresque font un grand effet, sans » doute : mais ne mettons jamais le bizarre & le gigantesque à la » place de la nature, & le forcé à place du simple. Que le dé- » corateur ne l'emporte point sur l'auteur : car alors au lieu de » tragédie on auroit la *rareté*, la *curiosité*, &c ».

b

cie, d'Ériphile même ont-ils tant de graces & exci-
tent-ils une émotion qui nous flatte ? c'est que le
poëte leur a donné toute l'étendue convenable, sans
retarder la marche de l'action, & nuire à la vigueur
des principaux personnages. Encore une fois, vou-
lons-nous faire couler des larmes, ce ne sera pas en
multipliant une quantité de tours merveilleux qui
n'appartiennent qu'à la parade : ce sera en appro-
fondissant ce sentiment, le vrai principe de l'intérêt,
& je vois avec peine que chaque jour on s'écarte
en cette partie, comme en bien d'autres, des modéles
que nos maîtres nous ont laissés.

La Tragédie de FAYEL me fait revenir assez natu-
rellement au degré précis de distinction qui se trouve
entre la *terreur & l'horreur.* Je ne cacherai pas qu'il est
difficile de tracer juste cette ligne de séparation. D'a-
bord il ne faut pas perdre de vue que nous parlons
de spectacle, & que ces sortes d'ouvrages sont faits
pour être exposés à la vue de nos compatriotes. Les
anciens ont souvent confondu ces deux impressions
qui se touchent de si près. L'épaule de Pelops servie
dans un repas à Jupiter & à Mercure, ne leur a
point paru une fable dégoûtante ; ils ont soutenu la
représentation de Térée, & de toutes les aventures

atroces de la famille d'Oedipe ; ils n'ont point reculé d'effroi à l'aspect de Médée égorgeant ses enfants ; ils ont applaudi à la fureur calculée d'Achille traînant durant plusieurs jours, dans un sombre silence, le cadavre du malheureux Hector autour des remparts de Troye, & rassasiant sa vengeance de sang-froid. Homere n'a pas hésité à nous montrer le difforme Poliphème dans l'intérieur de son repaire ensanglanté ; il semble même avoir pris plaisir à s'appesantir sur les détails les plus révoltants. Son sage imitateur, le poëte Latin qui a eu le plus de goût, Virgile n'a pas craint de suivre en cela son modéle, & Cacus & son antre ne nous soulèvent guères moins le cœur que le Cyclope & son horrible retraite. Les fibres des hommes de ces tems-là avoient-elles plus de force que les nôtres ? falloit-il des impressions plus vives, des secousses plus marquées pour exciter leurs sensations ? ou nos nerfs sont-ils trop délicats ? Y a-t-il dans cette aversion pour des objets hideux de quoi nous féliciter ? ne

---

De la famille d'Oedipe. Je ne comprens pas comment un sujet aussi révoltant, aussi affreux qu'un enfant qui tue son père, & qui devient le mari de sa mère, a pu causer tant de plaisir à un peuple sensible & éclairé. Il falloit le pinceau de M. de Voltaire pour rendre aujourd'hui ce sujet supportable.

devons nous pas appréhender plutôt que cette fenfibilité fi aifée à s'offenfer , ne faffe tort parmi nous
aux progrès du génie ? Où fommes-nous les peuples
de la terre qui ayons le plus de goût ? Quand on aura
bien défini ce que peut-être le goût , quand on aura
bien fixé fa nature, établi fes limites, alors nous pour-
rons entrer dans cette profonde difcuffion : mais,
lorfque je vois qu'à Londres on ne fçauroit trop attacher la curiofité fur de certains objets, & qu'à Paris
ces mêmes objets nous font détourner la tête , je me
garde bien d'adopter des principes fondamentaux de
ce goût, qui eft une énigme que l'on n'a point encore
devinée.

Qu'eft-ce que le goût?

Il eft pourtant du devoir d'un écrivain qui afpire
à étendre les bornes de fon art, de chercher à plaire,
s'il fe peut, à tous les hommes : voilà le grand objet

S'efforcer d'écrire pour tous les hom- mes.

Je vois qu'à Londres. Othello étrangle fa femme , & après l'a-
voir étranglée, il refte affis fur fon lit ; le parterre de Paris, les
loges lui crieroient : retire-toi , bourreau. Les Italiens, & ce n'eft
pas fans raifon, font leurs délices de la lecture du Dante ; on y
voit dans un des chants de l'Enfer un comte *Ugolin* qui ronge le
crâne d'un archevêque , & qui effuye enfuite fes cheveux & fa
barbe enfanglantés ; il eft vrai que le récit touchant du malheureux
Ugolin fait perdre à fa vengeance quelque chofe de fon atrocité.

qu'il doit avoir fans ceffe devant les yeux. Cependant
il eft citoyen, fes premiers regards tombent fur fes
compatriotes; il veut auffi mériter leurs fuffrages. N'y
auroit-il donc pas moyen de concilier ces fentiments
fi oppofés, & de contenter tout le monde? Voilà un
bien beau projet au moins, s'il n'eft pas d'une facile
exécution! Préfentons des exemples.

Je fuppofe que je voulufle donner au théâtre Français la Tragédie de Richard III, dont j'ai traduit une
fcène fi impofante; je me garderois bien d'en re-
trancher les ombres; c'eft fans contredit le morceau
le plus neuf & le plus fublime de la pièce: mais je les
ferois paraître à la faveur d'une obfcurité que j'éclai-
rerois par intervalles, & par des coups rapides de lumière; enfuite elles fe perdroient dans les ténèbres:

Ce que l'on
devroit faire
en repréfen-
tant Richard
III fur notre
théâtre.

Je les ferois paraître à la faveur d'une obfcurité. Voici ce que
penfe un de nos premiers écrivains dramatiques. « Je ne fçais pas
» même fi on ne pourroit pas faire paroître Oedipe tout fanglant,
» comme il parut fur le théâtre d'Athènes. La difpofition des lu-
» mières, Oedipe ne fe montrant que dans l'enfoncement, pour
» ne pas trop offenfer les yeux, beaucoup de pathétique dans
» l'acteur, & peu de déclamation dans l'auteur, les cris de Jo-
» cafte & la confternation générale des Thébains pourroient for-
» mer un fpectacle admirable. »

je penfe qu'avec ces ménagements, nôtre parterre fe plairoit à ce fpectacle , & que l'effet feroit auffi déterminé qu'il peut l'être.

Faire la même chofe pour Hamlet. C'eft à l'aide de cet artifice que dans une tragédie de Hamlet je ferois élever de la terre & y rentrer à plufieurs fois le fpectre du père ; il ne feroit qu'entrevu ; j'imagine que fe montrant ainfi au fpectateur , il frapperoit beaucoup plus que lorfqu'il n'eft apperçu que de fon fils.

Comment expofer Philoctete fur nôtre fcène. Si j'expofois Philoctete abandonné par fes compatriotes dans l'ifle de Lemnos , il poufferoit des cris, il fe traîneroit fur la fcène en accufant les Dieux, les Atrides , les Grecs , &c. mais on ne verroit pas ce malheureux montrer des plaies qui fe r'ouvrent, & d'où découle un fang noir & épais.

Savoir rendre Médée même intéreffante. Médée , fur le théâtre d'Athènes porte le couteau dans le fein de fes deux enfants : je la ferois voir fur le nôtre , amenée à cet excès de fureur par mille ingratitudes de la part de Jafon , dans un violent accès de rage immolant un de fes fils , jettant avec précipitation le poignard , embraffant avec tranfport l'innocente victime , faifant éclater des fanglots , des convulfions de douleur , preffant contre fon fein l'autre enfant, le couvrant de fes

baisers, l'inondant de ses larmes ; Jason s'offriroit à
sa vue, il reculeroit à l'aspect d'une femme égarée
de désespoir qui tiendroit , comme je l'ai dit, un
de ses enfants dans ses bras , & dont l'autre seroit mourant à ses ses pieds ; Perfide , s'écrieroit-elle ,
est-ce à toi de trembler ? approche , sois sans pitié : tu vois tes
attentats ; oui , c'est toi qui as commis tous mes crimes ; c'est toi
qui as pu égarer le bras maternel, qui l'as poussé , qui l'as conduit
dans le sein de cette misérable créature ! oui , barbare , c'est
toi qui as enfoncé le couteau dans le cœur de mon enfant.
Et elle releveroit aussitôt ce corps ensanglanté, l'em-
brasseroit encore en s'écriant , & en l'arrosant de nou-
velles larmes.

J'indique seulement la scène; je ne sçais si je me fais
illusion : mais j'aime à croire que cette situation ainsi
maniée adouciroit beaucoup l'*horreur* qu'inspire Médée, & pourroit peut-être même exciter en sa faveur
des sentiments de compassion. M. de Voltaire a sçu ris-
quer avec succès le quatriéme acte si *terrible* de son
Mahomet : pourquoi la tragédie de la mort de César,
un des chefs-d'œuvres de ce grand maître, n'est-elle
pas revue aussi souvent que tes autres pièces ? C'est
que le public Français a de la peine à s'accoutumer au

On a de la peine à s'accoutumer au spectacle du cadavre de César enfanglanté.

cadavre enfanglanté de Céfar. Voilà la borne où nous devons nous arrêter, où la *terreur* devient *horreur.*

Il eft bien fingulier que les mêmes fpectateurs qui voyent depuis tant d'années des perfonnages fe donner des coups de poignard, fouvent affez mal-à-propos, fupportent difficilement la vue d'un être qui eft

L'horreur, charge de terreur.

détruit, & qui conféquemment ne fouffre plus. Que me répondra-t-on ? Qu'il n'y a guères à raifonner quand il s'agit de fentiment, & que d'ailleurs on a pour but de fatisfaire la multitude. Voilà ce qui m'a empêché d'expofer fur la fcène la terrible cataftrophe de FAYEL.

Regardons *l'horreur* comme la *caricature*, la charge

Au cadavre de Céfar. J'imagine qu'on pourroit peut-être préfenter un cadavre voilé, dont on appercevroit feulement les pieds; encore ces fortes d'objets doivent-ils moins fe voir que fe deviner.

Regardons l'horreur comme la caricature. « Souvenons-nous tou-
» jours, dit un de nos maîtres, qu'il ne faut pas pouffer le terrible
» jufqu'à l'horrible ; on peut effrayer la nature, mais non pas la
» révolter & la dégoûter.

Je me rappelle qu'il y a quelques années à la Comédie Italienne on voulut effayer de rendre dans la vérité un combat fingulier : un des deux acteurs tomboit comme percé d'un coup d'épée, & on voyoit un jet de fang fortir de fa bleffure, (ce qui fe faifoit par

de la *terreur* ; refpectons d'ailleurs cette fenfibilité fi délicate, qui une fois familiarifée avec des images horribles, perdroit de la fineffe de fon tact, & auroit peine à être remuée par les drames attendriffants de l'enchanteur Racine. Sçachons tirer parti des diverfes beautés théâtrales des anciens & de nos voifins ; formons-en un nouveau genre dramatique qui nous retire de ce miférable efprit d'imitation où nous languiffons depuis Corneille, Racine, Crébillon & M. de Voltaire ; cependant ne marchons à la nouveauté qu'avec bien de la précaution ; quelquefois on arrive à d'heureufes découvertes ; quelquefois auffi l'on s'égare, & il vaut encore mieux marcher à la fuite de fes maîtres, que de fe perdre, en voulant fuivre des routes qui n'ont point été frayées.

J'ai cru, pour une plus facile intelligence de ma tragédie, qu'il étoit néceffaire d'en faire précéder la lecture par quelques éclairciffements fur l'ancienne chevalerie ; en voici donc une légère idée empruntée fur-tout de l'excellent ouvrage de M. de Ste Palaye.

---

le moyen d'une petite veffie remplie de fang.) Il n'y eut qu'un cri d'indignation, & l'on ne hazarda plus cette *horrible* imitation de la nature ; ce n'eft toujours qu'avec beaucoup de peine qu'on voit apporter la coupe d'Atrée.

L'origine de cette inftitution militaire reffemble
affez aux autres inventions de l'efprit humain ; elle
eft enveloppée de nuages ; tout ce qu'on peut dire de
plus vraifemblable, c'eft qu'elle porte le caractère
primitif de notre nation. Uu mélange d'abfurdité & de
grandeur, de fuperftition groffière & de refpect pour
la religion, de vrai courage & de fanfaronade, de
barbarie & de fenfibilité, la réunion en un mot du
fublime & du ridicule : voilà à-peu-près fous quel
afpect on peut envifager la chevalerie ; c'eft dans le
onziéme fiécle qu'elle prend une confiftance déter-
minée. Il eft aifé de voir que c'eft une des émana-

tions de la politique du gouvernement féodal. Il faut
néceffairement des fignes aux hommes pour les émou-
voir : une inveftiture accompagnée de la majefté des
cérémonies, & de la folemnité du ferment devoit
produire dans des ames dont l'ignorance peut-être
échauffoit la fenfibilité, une ivreffe de courage qui a

Il faut néceffairement des fignes. Il n'eft pas poffible d'exprimer
quel pouvoir les fignes ont fur l'efprit humain ; un homme qui
poffèderoit bien ce langage muet exciteroit des impreffions pro-
digieufes. Il n'eft pas furprenant qu'un certain Pylade, fameux
pantomime, ait tant intéreffé une des premières nations de l'univers.

donné naissance à une infinité d'actions éclatantes, que des Sybarites efféminés ont de la peine à croire véritables.

Celui qu'on destinoit à cet honneur étoit à l'âge de sept ans retiré d'entre les mains des femmes; les exercices militaires entroient dans le plan de son éducation; si ses parents maltraités de la fortune ne pouvoient lui fournir des secours, on le plaçoit chez quelque seigneur où il apprenoit à servir, pour sçavoir dans la suite user du droit de commander; chaque banneret avoit une espéce de cour, comme on voit encore en Pologne & en Allemagne des seigneurs indépendants qui ont tout l'appareil de la souveraineté.

Des divers grades de chevalerie.

Le jeune enfant remplissoit les fonctions de *page*; les premières leçons qu'on lui donnoit, consistoient dans *l'amour de Dieu & des Dames*, dit naïvement Jean de Saintré, qui lui enseignoient son *catéchisme* & *l'art d'aimer*. Il n'est donc pas étonnant qu'imbus de tels préceptes, nos chevaliers fussent à la fois galants & dévôts. L'écolier faisoit choix mentalement de

Le novice de la chevalerie; ou commencement par être page.

L'amour de Dieu & des Dames. L'amant *qui entendoit à loyaument servir une dame,* étoit sauvé suivant la doctrine de *la Dame des belles cousines,* &c.

quelque dame qui ne manquoit pas d'être un pro-
dige de beauté & de vertu : c'étoit à elle qu'il rap-
portoit, ainsi qu'à la divinité, toutes ses pensées,
toutes ses actions. On rira de cette profanation ex-
travagante : Il faut pourtant convenir que la simplicité des mœurs & la délicatesse de sentiment
gagnoient beaucoup à cet amour purement intellec-
tuel. Delà cette *courtoisie Françoise*, qui dans la suite
fondue avec la *galanterie Arabesque* forma un caractère de tendresse, d'aménité & d'agrément dont notre
bel-esprit métaphysique & la corruption des mœurs
ont fait disparaître jusqu'aux moindres traces ; il s'é-
toit conservé jusques dans le siecle dernier.

Le jeune-homme, de l'état de *page*, étoit élevé à
celui d'*écuyer*. Il y avoit encore dans ce nouveau grade
des cérémonies à observer que l'on peut lire dans M.
de Ste Palaye. L'éducation des demoiselles étoit à-
peu-près dans les mêmes principes ; elles accompagnoient les dames, & étoient chargées du soin de re-
cevoir les chevaliers. Les écuyers se divisoient en plusieurs classes ; ils servoient à table, coupoient les
viandes, prenoient soin des chevaux, présidoient à
l'arrangement des appartemens, faisoient comme les
demoiselles, les honneurs du château, tenoient l'é-

trier à leurs maîtres, étoient les dépositaires de ses armes ; on leur recommandoit la modestie autant que l'adresse , & les connaissances de l'art militaire , des tournois , &c. On remarquera que les chevaliers ne se servoient pas de juments ; c'étoit une monture dérogeante ; ils présentoient dans les batailles des chevaux à leur seigneur : d'où est venu le proverbe, *monter sur ses grands chevaux.* Quand on en venoit aux mains, l'écuyer se rangeoit derrière son seigneur ; en tems de paix, il assistoit aux tournois , s'y essayoit même avec d'autres écuyers , & employoit des armes plus légères que celles des chevaliers.

    L'âge de vingt-un ans étoit celui où l'*écuyer* étoit enfin admis aux honneurs de la chevalerie. Il y avoit cependant des exceptions pour nos princes du sang & pour les candidats qui pouvoient faire valoir le mérite de quelque belle action. Tout chevalier jouissoit du droit de créer d'autres chevaliers. Il faudroit encore remonter à la source où j'ai puisé , pour être instruit pleinement de l'appareil de cette institution. Des jeûnes , des prières dans des chapelles , des habits blancs , un aveu sincère de toutes ses fautes , plusieurs sermons entendus avec piété : tels étoient les préliminaires de la cérémonie. Le novice entroit ensuite dans l'églife , s'avançoit à l'autel avec l'épée paffée en écharpe à fon col ; le prêtre la béniffoit , la remettoit au col du nouveau chevalier, qui les mains jointes, fe mettoit à genoux devant celui ou celle qui devoit l'armer. Après que fon ferment avoit été reçu , des dames ou des demoifelles s'empreffoient à le revêtir de toutes les marques extérieures de la chevalerie ; on finiffoit par lui ceindre l'épée ; le feigneur ou le fouverain lui donnoit alors l'accolade ou *l'accolée :* c'étoit trois coups du plat de fon épée nue fur l'épaule ou fur le col de l'afpirant ; celui qui donnoit l'accolade prononçoit ces mots , ou d'autres femblables , *au nom de Dieu , de St. Michel , & de St. George , je te fais chevalier.* On ajoutoit quelquefois ces épithètes , *foyez preux , hardi & loyal.* Après cette cérémonie , il recevoit le heaume ou cafque , la lance ou bouclier, & il montoit un cheval, fans fe fervir de l'étrier ; le peuple l'entouroit avec des applaudiffemens. Quel admirable fonds de préceptes que les réglemens de la chevalerie ! Protéger la veuve & l'orphelin aux dépens de fa vie même ; défendre hautement l'innocence opprimée ; embraffer la caufe des dames ; foutenir les droits de la religion ; combattre enfin tous ceux qui paraiffoient être les ennemis de la juftice

& de la vérité : voilà quels étoient les devoirs que l'on prescrivoit aux chevaliers.

C'étoit dans les tournois sur-tout qu'ils faisoient éclater leur adresse, autant que leur magnificence ; la description de ces écoles de guerre nous conduiroit trop loin. Il suffira de dire que ces fêtes étoient aussi intéressantes pour les trois quarts de l'Europe, que les jeux olympiques l'ont été autrefois pour les diverses nations de la Grèce. Un nombre de rois d'armes & de hérauts crioient aux jeunes chevaliers qui se présentoient pour entrer en lice, *souviens-toi de qui tu es fils, & ne forligne pas* : paroles admirables qu'on ne devroit pas se lasser de redire aujourd'hui aux descendans de ces braves chevaliers français, & qu'ils ne devroient point se lasser d'entendre. On nommoit hautement : *un tel, esclave ou serviteur de la dame telle;* ce titre d'honneur étoit un de ceux qui flattoient davantage nos chevaliers, & qui leur inspiroient un plus mâle courage. A ce titre de *servant d'amour,* les dames joignoient des présents, comme voile, écharpe, bracelets, nœuds de rubans, boucles de cheveux, &c. les hérauts, désignoient les vainqueurs par ces acclamations touchantes : *honneur aux fils des preux !* le prix leur étoit donné par la main des dames,

Des tournois.

& ce qui étoit au-dessus de toute récompense pour

un *franc & loyal chevalier*, il avoit droit de donner un baiser à la dame ou demoiselle qui lui présentoit le prix. Un brillant festin, où les vainqueurs étoient assis à côté des princes, des rois &c terminoit la fête qui avoit un nombre prodigieux de spectateurs. Ce qui ne paraîtra pas moins singulier que toutes ces cérémonies, la modestie & la timidité accompagnoient l'éclat de la victoire ; les flatteries des poëtes & l'amour des dames ne faisoient qu'encourager les chevaliers favorisés du sort. On s'accorde assez pour fixer au onziéme siecle l'origine des tournois ; les chevaliers s'y essayoient au métier de la guerre.

L'amitié n'étoit pas en leur cœur un sentiment moins vif que celui de l'amour ; *la fraternité d'armes* en est une preuve honorable. *Lancelot du Lac* la fait contracter par trois champions en mêlant de leur sang. Ces *frères d'armes* n'avoient que la même table, & souvent le même lit, image touchante de la candeur & de la simplicité de ces dignes soldats qui n'avoient pas seulement l'idée du déréglement des mœurs. L'or étoit réservée pour les armes des chevaliers, ainsi que les riches fourrures pour leurs manteaux ; les moins précieuses s'abandonnoient aux écuyers qui

n'avoient

marginalia: Suite des prérogatives de la chevalerie. / La fraternité d'armes.

n'avoient le droit de porter que des éperons argentés, des bottines blanches, une espèce d'armet argenté aussi, & des manteaux de couleur brune. Lorsque les chevaliers étoient habillés de damas, les écuyers l'étoient de satin, & si ces derniers avoient des habits de damas, les premiers étoient vêtus de manteaux de velours; l'écarlate & toute autre couleur rouge étoit annéxée à ceux-ci: elle s'est conservée dans l'habillement des magistrats supérieurs, & des docteurs. Les chevaliers chargeoient de leurs armoiries leurs écus, leurs cottes d'armes, le penon de leurs lances, & la banderolle qui s'attachoit quelquefois au sommet du casque. Il faut suivre dans M. de Ste. Palaye tout ce qui concerne leurs funérailles & leur dégradation.

Bertrand du Guesclin est un de nos grands hommes qui ont eu le plus à cœur l'entretien & les progrès de l'ancienne chevalerie; il pensoit avec raison que c'étoit un puissant aiguillon pour animer & élever la bravoure de nos Français. L'homme a besoin d'images;

Bertrand du Guesclin un des plus zélés partisans de chevalerie.

Elever la bravoure française. Voici un trait qui donnera plus que tout ce qu'on pourroit dire, une idée juste de la grandeur d'âme d'un chevalier Français: *Un chevalier viel & ancien*, dit le bon Joinville, *de l'âge de quatre-vingts deux ans & plus*, voit la reine,

c

c'eſt du plus ou du moins de ſignes que dépendent le nombre & l'énergie des idées ; encore une fois, avec de la métaphyſique, & du raiſonnement privé de couleurs, on ne fera que des ames pareſſeuſes qui communiqueront aux corps leur langueur & leur inertie. Pourquoi y a-t-il tant de diſtance entre le ſentiment & la penſée ? Le ſentiment eſt plein de vie : c'eſt un réſultat exquis des ſens ; & la penſée nous échappe ſans ceſſe comme une ombre impalpable. J'imagine donc que l'extinction de la chevalerie a pu être préjudiciable à cet eſprit de courage & de *courtoiſie* qui eſt un des titres diſtinctifs de la nation françaiſe. Il ſeroit aſſez inutile d'entrer dans les détails qui ont donné lieu à cette extinction. Tout s'altere , tout meurt ; l'enthouſiaſme perd à chaque inſtant de ſa force, ſemblable à une boule qui lancée avec vigueur, décrit d'abord une ligne rapide, par degrés ſe ralentit, ſe traîne, & finit par être entierement privée de mouvement. Ce luxe, qui eſt venu tout per-

(ſomme de Saint Louis) ſe jetter à ſes pieds, & lui demander une grace. Quelle eſt-elle, *s'enquiert* le chevalier ? — De me donner la mort, ſi les Sarraſins ſe rendent maîtres de Damiette. — *Très-volontiers, Madame, je le ferois, & j'ai eu en penſée d'ainſy le faire, ſi le cas y eſcheoit.*

vertir, la tranſmigration des ſeigneurs qui ont abandonné leurs châteaux pour le ſéjour des villes, nos
guerres auſſi longues que malheureuſes avec les
Anglais, d'autres mœurs, en un mot, bien oppoſées
à la ſimplicité de l'ancien tems : ce ſont les principales
cauſes auxquelles il faut rapporter la décadence
& la ruine de cette inſtitution militaire. En atten-
dant que quelque heureuſe manie de ce genre
vienne nous faire oublier cette perte, je deſirerois
fort qu'on préſentât ſur notre ſcéne lyrique un ſpectacle compoſé de tout ce que nous avons de plus
agréable & de plus intéreſſant dans l'ancienne chevalerie ; ce ſeroit pour cette noble invention un lé-
ger dédommagement de ſon anéantiſſement total,
que de reparaître du-moins au théâtre, & il ſeroit
aſſez plaiſant qu'on allât prendre à l'opéra des leçons
de mœurs & de bravoure.

L'auteur deſireroit que la chevalerie du-moins reparût ſur le théâtre de l'opéra.

Je terminerai ce coup d'œil ſur l'hiſtoire de la chevalerie par des éclairciſſemens néceſſaires à ma
tragédie ; il s'agit de l'habillement de mes perſon-

Des habillemens des acteurs qui oueront FAYEL

Qu'on préſentât ſur notre ſcêne lyrique. J'ai vû avec plaiſir s'exe-
cuter ce projet : *Adèle de Ponthieu* a ouvert heureuſement la carrière aux opéra de ce genre.

nages : je fuppofe qu'on fera quelque attention à ces détails.

Habillement de FAYEL. FAYEL doit avoir un manteau de velours ponceau, parfemé de broderies en or, & doublé d'une péliffe noire, la foubreveſte de damas ou de fatin enrichie de même, & d'une femblable couleur, defcendant jufques fur le genoux, une large ceinture fur la poitrine avec une boucle au milieu qui peut être d'or ou de diamants ; à cette ceinture eſt attachée une dague ; il a encore une fraiſe ronde & une chaine d'or autour du cou, des efpèces de braſſelets aux bras, des bottines rouges qui lui montent juſqu'aux cuiſſes, fa toque de velours noir & à l'Efpagnole, de forme ronde, élevée environ d'une dixaine de pouces ; plufieurs plumes noires & rouges liées par un nœuds de diamants ombragent cette coëffure.

Habillement de GABRIELLE. L'habit de GABRIELLE eſt de drap d'argent, ou de damas ou fatin blanc brodé en argent ; fon manteau eſt de femblable couleur, doublé de queues d'hermine ; fa parure eſt compoſée de perles & de diamants ; elle a des braſſelets de même.

Habillement de RAOUL DE COUCI. RAOUL DE COUCI a tout ce qui caractériſe le chevalier banneret ; il a auſſi autour du cou une

---

chaîne d'or enrichie de diamants; son manteau est de velours bleu céleste, doublé d'hermine, & parsemé de fleurs d'or; sur l'épaule droite est appliquée une large croix d'étoffe rouge, où sont inscrits ces mots: DIEX VOLT, (le signe des croisés); son casque doré est surmonté d'un panache blanc, son écharpe soutenue par une aigrette de diamants, est de même couleur, que celle de GABRIELLE; il a des bottines rouges auxquelles sont attachés des éperons dorés; la poignée de son épée est en forme de croix; sa lance, dont la banderolle est un ruban blanc, & son bouclier ou écu, sont portés par son écuyer.

LE PREUX DE VERGI est habillé comme FAYEL: il a la même étoffe; sa couleur est d'un gros verd; sa fourure est de martre, & ses plumes sont vertes & blanches.

Habilleme du PREU DE VERGI

MONLAC a un habillement de satin brun doublé de jaune; la premiere couleur étoit celle des écuyers; son casque est un armet argenté sans timbre & sans pannache, en forme de *galerus*; il a les bottines blanches, & les éperons argentés comme l'armet.

Habilleme de MON- LAC, écuy de COUCI

RAYMOND ne porte point les armes de son maître qui habite en ce moment son château; il a les simples habillemens de ce tems; les autres écuyers

Habilleme de RAY- MOND, écuyer de FAYEL.

& officiers de FAYEL ont le même costume. Les hommes d'armes de COUCI font dans l'équipage guerrier, tel qu'il étoit alors, comme on nous représente ce qu'on appelloit *miles*.

Habillement d'ADÈLE.

Il est inutile d'observer qu'ADELE ne porte point de manteau, cette parure étant réservée dans ce siècle aux seules femmes de qualité ; elle n'a aussi ni perles, ni diamants, & d'ailleurs elle est habillée comme sa maîtresse.

Ne point négliger ce qui contribue à l'illusion théâtrale.

Il paraîtra singulier que je me sois occupé un instant de ces bagatelles : mais on ne doit rien dédaigner de ce qui peut contribuer au plaisir de l'illusion théâtrale ; la moindre négligence en cette partie, fait quelquefois tort à l'intelligence de la pièce. Il y a mille traits qui nous échappent à la représentation des admirables comédies de Moliere, parce que les comédiens n'observent pas avec assez de régularité le costume dans les habillements.

On compte plus de vingt de ces éditions subreptices.

Je profite de cette espèce d'entretien littéraire avec le public, pour le prévenir qu'on lui en impose sans cesse au sujet de prétendues éditions faites par l'auteur ; il y en a même quelques-unes auxquelles on a affiché le titre fastueux & en même-tems absurde *d'œuvres philosophiques & morales, &c*. Je n'ai

point la prétention d'être philosophe, encore moins
de m'ériger en législateur de morale : je souhaite
seulement que mes faibles ouvrages puissent inspirer
l'amour de l'humanité ; je n'ai jamais eu d'autre
but : mais ce désir que je partage avec les hon-
nêtes gens qui se mêlent d'écrire , est encore
bien éloigné de l'audacieuse manie de vouloir être
le précepteur du genre humain : *les hommes font enfants incorrigibles.* Voilà quels sont les inconvéniens
des contre‑façons , odieux brigandage qu'on ne
sçauroit trop réprimer. Je n'ai donné nulle édi-
tion générale de mes œuvres ; je les revois tous
les jours, & je n'imagine pas avoir encore acquis le
droit d'annoncer un corps complet de mes productions. Il y a long-tems que j'ai inséré dans tous les
journaux un désaveu formel, à propos de trois
volumes de Poësie qui portent le titre de mes
ŒUVRES, & qui font un vrai ramas de sottises &
d'impertinences. Je n'ai publié jusqu'ici que COM-
MINGE, EUPHÉMIE, FAYEL, MÉRIN-
VAL, LES LAMENTATIONS DE JÉRÉMIE, LES
ÉPREUVES DU SENTIMENT, & les NOU-
VELLES HISTORIQUES. A l'égard de mes POE-
SIES , je les livrerai à l'impression successivement &

dans le même format que les PIECES DE THÉATRE, les HISTOIRES, &c. & je craindrai toujours de les avoir fait paraître trop tôt, ainsi que mes autres ouvrages. Transportons-nous dans la postérité. Que de productions qui aujourd'hui nous semblent intéressantes, seront oubliées ! Il n'y a que la raison & le sentiment qui mettent un sceau durable à nos travaux ; instruire ou toucher, voilà quels doivent être les deux grands objets de tout homme qui écrit ; hors de-là, c'est se donner bien de la peine inutilement que d'habiller soit en vers, soit en prose des pensées communes & rebattues, où presque toujours le bel-esprit est en contradiction avec le naturel. Je le redirai après un de nos maîtres, en prenant la liberté de changer la fin de son vers :

Rien n'est beau que le vrai, le vrai seul est *durable.*

FAYEL,

FAYEL,

TRAGÉDIE.

PERSONNAGES.

LE CHÂTELAIN DE FAYEL.

GABRIELLE DE VERGI.

LE SIRE DE COUCI.

LE PREUX DE VERGI.

RAYMOND, Ecuyer de FAYEL.

ADÈLE, qui a été Gouvernante de GABRIELLE.

MONLAC, Ecuyer de COUCI.

Autres Ecuyers & Officiers de FAYEL.

Autres Ecuyers & Hommes d'Armes de COUCI.

La Scène est près de Dijon, dans un Château appartenant au Seigneur de Fayel.

FAYEL,
TRAGÉDIE.

ACTE PREMIER.

Le rideau se lève. Le théâtre représente l'appartement d'un château, un vestibule au bout, d'un côté un parc & de l'autre une tour.

SCÈNE PREMIERE.

FAYEL, RAYMOND, ADÈLE,
plusieurs autres Ecuyers & Officiers.

FAYEL, *d'un des côtés du Théâtre ; ouvrant une porte avec fureur, s'avançant sur la Scène précipitamment, & s'adressant à ses Ecuyers & Officiers qui sont autour de lui dans diverses attitudes de douleur.*

NON, je n'écoute rien.
UN ECUYER.
Seigneur...
FAYEL *avançant toujours sur la Scène.*
Retirez-vous,

A ij

ADÈLE, *à Fayel.*

Nos larmes...

FAYEL.

Ne feront qu'allumer mon courroux.

ADÈLE

Vous ne l'aimeriez plus ?

FAYEL.

Ah ! je l'ai trop aimée !

ADÈLE.

Vous devez...

FAYEL.

Me venger. Dans la tour enfermée,
Qu'elle pleure.. à jamais.. ôtez-vous de ces lieux ;
Tout me perce le cœur ; tout me blesse les yeux.

ADÈLE, *tombant aux genoux de Fayel.*

Je tombe à vos genoux ; daignez m'entendre encore ;
Pour une épouse, hélas ! mon amour vous implore ;
De tous ses sentiments mes regards sont témoins ;

Fayel ne l'écoute pas & montre une fureur sombre.

Au sortir du berceau, confiée à mes soins,
Et des bras maternels entre mes bras remise,
Toujours à son devoir elle parut soumise ;

L'innocente candeur l'éleva dans mon fein;
Moi-même, à fes vertur j'ai tracé le chemin;
Quel crime a pu flétrir une vie auffi pure?.

FAYEL, avec emportement

Quel crime? le plus noir, la plus cruelle injure,
Qu'auroit dû prévenir l'œil vengeur du foupçon. ;
Mais je ne prétends point éclaircir la raifon
Qui me force à punir une époufe coupable.
Ciel! de tant d'artifice une femme eft capable !

à Adèle d'un ton concentré.

Dites-lui.. que fes pleurs, dont j'étois fi jaloux;
Couleroient vainement dans le fein d'un époux,
Que je puis repouffer les impuiffantes armes
Qu'un fexe, qui fçait feindre, emprunte de fes charmes;
Ces tyrans féducteurs ne règnent plus fur moi :
Son crime.. Ma vengeance eft tout ce que je voi.
Oui, d'un œil fans pitié, d'une ame indifférente,
Je verrois la perfide à mes pieds expirante;
Je verrois, fans pâlir des horreurs de fon fort,
Ses yeux, que j'adorois, fe couvrir de la mort. ;
C'eft elle qui fans ceffe, avançant ma ruine,
De mille coups mortels me frappe & m'affaffine!
Que mes maux, s'il fe peut, paffent tous dans fon cœur
Et.. portez lui ma haine, & toute ma fureur.

A iij

ADÈLE.

Souffrez. :

FAYEL.

Je ne veux rien entendre davantage.

C'eſt aſſez. Qu'on me laiſſe à l'excès de ma rage,

Qu'on me laiſſe. Sortez, & ne repliquez pas.

à Raymond.

Toi, demeure.

Ils ſortent conſternés.

SCÈNE II.

FAYEL, RAYMOND.

FAYEL, *ſe précipitant dans un fauteuil.*

LE Ciel retarde mon trépas !

Il me fait éprouver un tourment plus horrible!

Devoit-il me donner une ame ſi ſenſible,

Y verſer tant d'amour avec tant de fureur ?

à Raymond.

Cet écrit fut trouvé dans ces murs ?

RAYMOND.

Oui, ſeigneur.

FAYEL.

Ne crains point d'animer une flamme jalouſe;

Répéte: où?.

RAYMOND.

Près des lieux qu'habite votre épouse.

FAYEL, *toujours assis.*

Achevons d'enflammer un poison infernal ;
Relisons cet écrit à mon cœur si fatal :

Il tire de sa poche une lettre & lit haut.

» Envain tout combat ma tendresse ;

» Elle s'accroît avec le tems ;

» Je vous vois, je vous parle, & vous redis sans cesse

» Que vous êtes l'objet de tous mes sentiments,

» Que rien ne pourra les détruire ;

» Je chéris jusqu'aux pleurs que pour vous je répans ;

» Jamais l'amour n'eut sur moi plus d'empire,

» Et le sort me contraint à cacher cette ardeur ! . .

» Peut-être un jour viendra, trop lent pour mon bonheur. . .

Et le Ciel, ou plutôt ce barbare Génie,
Qui parut de tout tems s'armer contre ma vie,
Se jouant de mes maux, & m'accablant enfin,
M'ôte de cette lettre & l'adresse & la fin !
Et je ne connais pas la main qui l'a tracée !
De sentiments divers mon ame est oppressée. . .
Crois-tu que Gabrielle aura vu ce billet ?
Que penses-tu ? Peut-être une autre en est l'objet ;

Trop prompt à condamner une épouse fidelle ;

Je cède à des soupçons, qui sont indignes d'elle.

Je doute qu'une femme, instruite à la vertu,

Cache sous tant d'attraits un cœur si corrompu,

Qu'elle outrage son nom, sa famille, son pere,

Qu'elle ose entretenir une flamme adultere,

Répandre l'amertume & l'horreur sur mon sort..

Quand on n'aima jamais avec plus de transport..

Il se leve avec fureur.

Est-ce à moi de douter ? On me hait, on m'offense;

C'est envain que l'amour embrassoit sa défense :

Le crime est avéré. Voilà pour quel sujet

Ses jours sont consumés par un chagrin secret,

D'où naît ce sombre ennui que ma tendresse irrite,

Qui jusques dans mes bras la poursuit & l'agite !

J'ai découvert enfin la source de ces pleurs,

Qui des plaisirs d'hymen corrompoient les douceurs;

Je voulois dévoiler ce ténébreux mystere,

Et c'est en ce moment la foudre qui m'éclaire !

Sur mes yeux qui fuyoient ce funeste flambeau,

Ma raison complaisante étendoit le bandeau !

Malheureux ! j'accusois la seule indifférence

De ces tristes froideurs, qui lassoient ma constance..

Du moins, si j'adorois l'ingrate sans retour,
Je pouvois esperer de l'attendrir un jour.
A force de soupirs, de prières, de larmes..
Eh ! qui sent plus que moi le pouvoir de ses charmes ?
Elle est sensible ! elle aime ! & c'est un autre ! ô Ciel !.

à Raymond.

Enfonce le poignard dans le sein de Fayel ;
Montre-moi mon rival ; hâte-toi de m'instruire ;
Dis, dis, quel est le cœur qu'il faut que je déchire.

RAYMOND.

Je n'ai rien découvert. Ce guerrier révéré,
Dans un château voisin, loin des cours retiré,
Qui mérita ce nom, le prix de la vaillance,
Et de qui votre épouse a reçu la naissance,
Le PREUX de Vergi seul fut jusques à ce jour
Par vos ordres, seigneur, admis en ce séjour.

FAYEL.

Il verra mes tourmens, l'excès de mon supplice ;
Quoique Vergi soit pere, il me rendra justice ;
Entre sa fille & moi, l'honneur prononcera ;
Contre la voix du sang lui-même il s'armera.

LE PREUX. On ne peut guères débrouiller l'origine de ces
PREUX, dont parlent tant nos anciens romanciers ; ce qu'il y a
de certain, c'est qu'on donnoit ce nom aux chevaliers d'une
valeur éprouvée.

Qu'elle souffre...Eh! que veut mon cœur impitoyable?
La fureur qui m'anime est-elle insatiable ?
Faut-il sçavoir haïr comme je sais aimer ?
Dans l'ombre d'une tour, j'ai pu la renfermer,
La voir à mes genoux prête à perdre la vie !
Ah! cher ami, sans doute, elle est assez punie;
J'aurai rempli ses sens de douleur & d'effroi ;
Elle verse des pleurs... & ce n'est pas pour toi,
Trop faible époux, renonce à venger ton injure;
Vas, cours t'humilier aux pieds de la parjure,
Implorer un pardon, que tu n'obtiendras pas...
Non, ne soutenons plus d'inutiles combats :
Sçachons-en triompher; que la haine plus forte
Seule aujourd'hui décide, & sur l'amour l'emporte...
Quelqu'un vient, c'est Vergi; qui l'amène en ces lieux?

à Raymond.

Porte de tous côtés des regards curieux :
La plus faible clarté perçant la nuit du crime,
Peut, au coup qui l'attend, indiquer la victime.
Examine; sur-tout tâche de t'assurer
Du mortel odieux qu'on m'ose préférer.
Ce cœur, qui de l'amour ressent la violence,
Avec la même ardeur brûle pour la vengeance.

SCÈNE III.
FAYEL, VERGI.
VERGI.

JE venois voir ma fille, & près d'elle adoucir
D'un âge qui s'éteint le sombre déplaisir;
Mon cœur, hélas! qu'afflige une vérité dure,
Cherche à se consoler au sein de la nature:
Elle nous touche plus au déclin de nos ans,
Et nos derniers regards demandent nos enfants.
Quoi! lorsqu'avec transport, j'ouvre les bras d'un père,
Je n'y vois point voler cette fille si chère!
Qui peut la dérober à mes embrassemens?
J'interroge: on se tait, ou des gémissemens
Jettent un trouble affreux dans mon ame inquiete;
Tout présente à ma vue une douleur muete;
Vous-même en ce moment... vous soupirez, ô Ciel!
Tirez-moi par pitié de ce doute cruel;
Parlez... Quelque danger menaceroit sa vie?
Ma fille.. à ma vieillesse elle seroit ravie?

FAYEL, *avec une fureur renfermée.*
Non... elle vit, Seigneur... *avec emportement.*
Pour déchirer mon sein,

Pour y verser le fiel, le plus mortel venin,
Pour y porter l'enfer, & toutes les furies;
Pour me faire souffrir mille morts réunies.

VERGI.

Comment ? Expliquez-vous...

FAYEL.

Mon honneur...

VERGI, *avec étonnement & fierté.*

Votre honneur !

FAYEL.

Que dis-je ? Mon amour, tout est blessé, seigneur.
Le comble des tourments, le comble de l'outrage,
Des transports éternels de désespoir, de rage :
Voilà quel est mon sort.

VERGI.

Ma fille.. ô justes cieux !

FAYEL.

Me rend aussi cruel que je suis malheureux.
Ah ! mon pere ! ah ! Vergi ! vous savez si je l'aime ?
Elle auroit d'un époux fait le bonheur suprême ;
A la cour de Philippe, appellé par le rang,
Joignant à la faveur, la noblesse du sang,

Ofant même nourrir la superbe espérance
De balancer un jour l'ACHILLE DE LA FRANCE,
Chér aux Montmorencis, aux Dreux, aux Dammartins,
L'égal des Châtillons, des Harcourts, des Destaings,
Seigneur, j'ai pu quitter les bords qui m'ont vû naître,
Et Français & Mailli servir un nouveau maître,
De votre duc enfin venir prendre des loix,
Quand l'orgueil de mon nom ne cédoit qu'à des rois,
Au séjour, où des lys le ciel fixa le thrône,
J'ai préféré les champs arrosés de la Saone;
J'ai marché sur vos pas; près des murs de Dijon,
J'ai fermé la carriere à mon ambition;
Revêtus de la croix, plein d'une ardeur sublime,
Nos braves chevaliers, aux remparts de Solime,
Courent mêler, sans moi, sur leurs fronts triomphans,
Les palmes d'Idumée, à leurs lauriers sanglants;
Ce prix de la valeur, la gloire, ma famille,
J'ai tout abandonné, seigneur, pour votre fille;

L'*ACHILLE DE LA FRANCE.* Guillaume Desbarres, grand
sénéchal de la couronne, & qui par sa bravoure mérita le glo-
rieux surnom d'*ACHILLE DE LA FRANCE.*

Et Français & Mailli. Quelques historiens ont prétendu que
le seigneur de Fayel étoit de la maison de Mailli.

FAYEL,

Je suis venu former au pied de vos autels,
D'un hymen desiré les liens solemnels ;
Et lorsque chaque instant enflammoit ma tendresse,
Qu'elle étoit de mon cœur souveraine maitresse,
Lorsqu'amant idolâtre, & toujours plus épris,
Je briguois un regard de ses yeux attendris..
Elle me haïssoit.. elle étoit infidelle.

VERGI.

Ce bras appesanti va se lever sur elle ;
Et vous épargnera le soin de la punir...
Il fait quelques pas, & revient, & après une longue pause
La fille de Vergi ne sauroit vous trahir.

FAYEL.

C'étoit peu de n'offrir à ma vive tendresse
Qu'un spectacle offensant de gêne & de tristesse,
De rejetter les dons que lui faisoit ma main,
D'opposer à mes feux les froideurs du dédain,
De me percer de traits, qui sans cesse en mon ame.
Revenoient irriter mes fureurs & ma flamme:
Il falloit, il falloit qu'un trop sensible époux
Fût aujourd'hui, grand Dieu! frappé de tous les coups ;
Qu'il ne me restât rien, dans un tourment si rude,
Qui pût flatter mon cœur de quelque incertitude.

Non, je ne puis douter de mon malheur affreux ;
Jugez s'il est au comble ; en croirez-vous vos yeux ?

Il lui donne la lettre.

VERGI *à peine y a jetté les yeux.* (*à part.*)
O Ciel ! *Il cherche à se remettre de son trouble,* (*à Fayel.*)
De ce billet je cherche en vain l'adresse,
La fin, le seing.. (*à part.*) cachons le trouble qui m'oppresse.

FAYEL.

C'est ainsi qu'en mes mains le hasard l'a remis,
Il a trop éclairé votre malheureux fils ;
La vérité terrible a rompu le nuage.

VERGI, *déchirant la lettre, & la jettant
à ses pieds.*

Voilà comme on reçoit un pareil témoignage.

FAYEL.

Que faites-vous ?

VERGI.

J'écarte un indigne soupçon ;
Et mon esprit plus sûr se sert de sa raison.
Vous pouvez sur la foi d'un indice semblable
Condamner votre épouse, & la juger coupable !
Ce billet, sans dessein peut-être ici laissé,
Qui vous dit qu'à ma fille il étoit adressé ?
Et quand un fol amour osant tout se permettre,
Auroit jusqu'en ses mains fait tomber cette lettre,

Quand son cœur, contre vous en secret prévénu,
Sous le joug de l'hymen gémiroit abattu,
Que malgré son devoir, à vos feux insensible,
Elle n'éprouveroit qu'un dégoût invincible,
Pensez-vous que l'honneur dont elle suit la loi,
Partage des Vergis, qu'elle a reçu de moi,
Ne l'eût pas engagée à se montrer rebelle,
A l'essor indiscret d'une flamme infidelle ?
Dans une ame formée à de hauts sentimens,
La vertu sçait combattre & dompter les penchans;
L'orgueil seul lui suffit pour s'armer d'un courage,
Qui soumet la nature au frein de l'esclavage.
Vous demandez pourquoi, livrée à la douleur,
Ma fille de ses jours voit se faner la fleur,
D'où vient que sous l'ennui ses yeux s'appesantissent,
Quel sujet fait couler ces pleurs qui les remplissent,
La cause de ses maux... C'est vous, cruel, c'est vous,
C'est vous, qui n'écoutez que des transports jaloux,
Dont l'amour inquiet, soupçonneux & bizarre,
A toutes les fureurs de la haine barbare;
C'est vous, qui peu content de déchirer un cœur,
Y versez goûte à goûte un poison destructeur;
C'est vous, qui lui rendez l'existence odieuse,
Qui plongez au tombeau ma fille malheureuse !
                                    Eh bien ?

Eh bien ! trainez-y donc un pere infortuné ;
Que mon triste destin par vous soit terminé ;
De mon gendre, j'attends cette faveur suprême :
Qu'il m'immole. Ah ! Fayel, est-ce ainsi que l'on aime?
Toujours vous enflammer d'un aveugle courroux !
L'amour a, croyez-moi, des sentiments plus doux :
Il fuit l'emportement, la triste défiance ;
Aliment des vertus, il est leur récompense ;
Au chemin de l'honneur, il affermit nos pas,
Et conduit le guerrier au milieu des combats :
Vous rejettez sur lui cette langueur oisive,
Où l'ame d'un soldat peut demeurer captive !
C'est l'amour qui, la palme, & la croix à la main,
S'indigne, & vous appelle aux rives du Jourdain.
Si vous aimez ma fille, allez, plein d'un beau zéle,
Servir nôtre Dieu même, & venger sa querelle.
Ah ! que ne puis-je encor, héros si respectés,
O Vienne, ô Beaufremont, combattre à vos côtés !
Mais l'âge ici m'enchaîne, & mon sang qui se glace
Ne laisse à mes desirs qu'une impuissante audace !

O *Vienne*, ô *Beaufremont*. On sçait que ce sont des plus an-
ciennes maisons de Bourgogne.

B

Aux plaines de Damas, défenseur de la foi,
Allez tenir ma place, & triomphez pour moi.
Revenez déposer aux pieds de Gabrielle
Les lauriers du héros, seul présent digne d'elle;
Alors vous lui prouvez vos feux & votre amour;
Alors, je vous réponds de son juste retour.

FAYEL.

Gabrielle.. mon pere.. elle seroit fidelle!
Elle n'auroit point lu cette lettre cruelle!
Elle pourroit m'aimer!

VERGI.

Elle vous aimera;
Et de nouveaux liens l'amour l'enchaînera:
Non, l'hymen ne doit pas accuser sa tendresse;
Je vous l'ai dit : sensible au soupçon qui la blesse,
La fille de Vergi ne peut trahir l'honneur.
Mais un démon jaloux corrompt votre bonheur.

FAYEL, *avec transport.*

Oui, je suis un cruel qui s'enivre de larmes,
Qui se plaît à semer le trouble, les allarmes,
Qui nourrit dans son sein un vautour renaissant;
Oui, je suis un barbare, un tigre rugissant
Qui sans cesse demande à déchirer sa proie.
Contre mon propre cœur, ma rage se déploye.

Le ciel a dans mon ame, ouverte aux noirs foupçons,
Allumé tous les feux, verfé tous les poifons ;
Tout, la nature même a reçu des outrages
De ce cœur emporté d'orages en orages.
Mon caractere altier, violent, effréné,
A fon effor fougueux étoit abandonné ;
Le monde à mes regards devenu haïffable,
Chaque jour, me rendoit plus dur, plus intraitable ;
Je vis dans Gabrielle un objet enchanteur,
Et dès ce même inftant, je n'eus qu'une fureur,
Qui toutes les raffemble & dévore mon ame,
La fureur de l'amour, fa plus ardente flamme ;
Je livrai tous mes fens à fa féduction ;
Voilà mon feul tranfport, ma feule paffion,
Le foutien, le tourment, le charme de ma vie !
Je porte cette ardeur jufqu'à l'idolâtrie.
Fayel connaît un maître, & mon tyran jamais,
Ne regna plus fur moi, ne m'offrit plus d'attraits ;
Une larme échappée à fes yeux, où fans ceffe
Je reprends l'aliment de ma jaloufe ivreffe,

Tout, la nature même. Fayel s'étoit armé contre fon pere.

Le monde à mes regards. Il étoit devenu farouche, mifantrope ;
l'hiftoire nous le dépeint, tel qu'on l'annonce ici, le plus violent
& le plus emporté des hommes.

Un seul de ses soupirs, une ombre de chagrin
Qui ternit de son front l'éclat pur & serein,
Me causent un supplice horrible, insupportable;
Et.. jugez si mon sort est assez déplorable,
Si le ciel à ma rage égale mon malheur,
Si je mérite assez & la haine & l'horreur,
Ou plutôt la pitié, qui sans doute m'est due:
J'idolâtre une épouse.. & c'est moi qui la tue!

VERGI.

Quoi? Votre bras...

FAYEL.

         Mon bras n'a point versé son sang;
Je n'ai point enfoncé le couteau dans son flanc;
Mais j'y porte une mort plus cruelle, plus lente!
Mais j'ai pu dans la tour la traîner expirante!
C'est dans ces murs remplis d'un effroi ténébreux,
Que Gabrielle en pleurs lève au ciel ses beaux yeux,
Gémit d'un noir penchant à tous deux si funeste,
Meurt dans le désespoir, m'accuse, me déteste...
Allez la rendre au jour; on vous obéira,
Mon pere, à votre voix sa prison s'ouvrira;
Allez, & dissipez ses mortelles allarmes;
Peignez-lui mes remords, mon repentir, mes larmes,

Mon amour, mon amour qui va tout réparer;

Non, mon cœur n'a jamais cessé de l'adorer.

L'excès de ma tendresse a fait seul tout mon crime.

Je suis de mes fureurs la premiere victime.

Que mes soupçons honteux, nos maux soient oubliés;

Du moins qu'elle me voye expirer à ses piés.

Il sort.

SCÈNE IV.

VERGI, *seul, après une longue pause.*

AH! pere malheureux !. accablé de la foudre,

Je ne sais que penser, je ne sais que résoudre.

Qu'ai-je lu ? De Couci j'ai reconnu la main !

Auroit-il emporté sur les bords du Jourdain

Cet amour qui, par moi flatté dans sa naissance,

Lui fit de ma famille esperer l'alliance,

Et que depuis, la haine entre nos deux maisons,

Nos débats éternels,. & nos divisions

Ont dû vaincre, ou du moins condamner au silence?

Ma fille .. seroient-ils tous deux d'intelligence ?

Je la portai mourante aux marches de l'autel,

Et je la mis en pleurs dans les bras d'un cruel.

Peut-être d'un amant l'image trop chérie
Vient se représenter à son ame attendrie..
Elle peut soupirer, se combattre, mourir :
Mais sa foi, son honneur ne peut se démentir.
De l'ombre d'une faute elle est même incapable,
Elle n'entretient point une flamme coupable ;
Gabrielle... j'en crois un sentiment secret,
N'a point jetté les yeux sur ce fatal billet.
Ne songeons aujourd'hui qu'à nous montrer sensible :
Allons la retirer de ce séjour horrible.
Sur-tout, sur ce billet n'éclairons point Fayel ;
S'il va craindre un rival, ma fille expire, ô ciel !
Un amour furieux demande une victime,
Et les transports jaloux sont toujours près du crime.

(*On baisse le rideau.*)

FIN DU PREMIER ACTE.

ACTE II.

On lève la toile ; on voit l'intérieur d'une tour qui a toute l'horreur d'une prison ; au milieu est une petite table peu élevée, sur laquelle sont posés une écritoire, du papier & une lampe qui éclaire à peine ; à quelque distance, est une chaise de paille, &c.

SCÈNE PREMIERE.

GABRIELLE, seule.

GABRIELLE est à genoux, les cheveux épars, les deux bras croisés, & la tête appuyée sur le milieu de la table ; elle tourne les yeux au ciel, avec un long soupir, en élevant ses deux mains jointes ; elle en met une sur son cœur, & retombe dans son accablante situation : cette scène muette doit durer quelques minutes.

SCÈNE II.

GABRIELLE, ADÈLE.

ADÈLE.

MADAME.. *(à part.)* En quel état elle s'offre à mes yeux!

Madame, écoutez-moi ; calmez ce trouble affreux...

*Gabrielle fait plusieurs signes de la main à Adèle pour l'engager
à se retirer, & reprend la même attitude.*

C'est vous qui refusez de me voir, de m'entendre !

A ce prix de mes soins devois-je, hélas ! m'attendre ?

Gabrielle fait le même geste.

Vous fuyez mes regards ! Vous me cachez vos pleurs !

Versez-les dans un sein ouvert à vos douleurs...

GABRIELLE, *relevant la tête, &.*
d'un ton pénétré.

Qu'on me laisse.

ADÈLE.

Daignez..

GABRIELLE.

Retirez-vous.

ADÈLE.

Cruelle ;

Pouvez-vous affliger la malheureuse Adèle ?

Elle ne fent que trop l'excès de vos chagrins ;
Elle pleure avec vous fur vos triftes deftins.
Avez-vous oublié qu'à peine à la lumiere
Vous eûtes entr'ouvert une faible paupiere ,
Je vous pris dans mes bras , qu'entre ma fille & vous ,
Je ne diftinguai point ces mouvemens fi doux ,
Du plus puiffant amour le touchant caractere ?
Votre mere elle-même. .

GABRIELLE.

Ah ! je n'ai plus de mere !

ADÈLE.

J'en ai pour vous le cœur , & vous le déchirez !
De vos fecrets ennuis mes fens font pénétrés.

GABRIELLE, *relevant la tête*.

Adèle. que veux-tu ?

ADÈLE.

Qu'à mes larmes fenfible ,
Vous tentiez d'adoucir ce défefpoir horrible.

GABRIELLE.

Dis plutôt que j'ajoute aux horreurs de la mort ;
C'eft ici qu'eft marqué le terme de mon fort ;
C'eft ici que la tombe attend ma trifte cendre ;
Il ne me refte plus qu'une marche à defcendre ,
Et.. je m'y précipite.

ADÈLE.

Egarement cruel !

Madame, espérez tout du ciel vengeur.

GABRIELLE.

Le ciel,

Adèle !.. il fait mes maux, il fait mon innocence,
Mes efforts, mes combats.. tu vois ma récompense !

ADÈLE.

D'un voile impénétrable il couvre ses décrets.
Le crime rarement jouit d'un long succès.
La vertu malheureuse en a plus de constance,
Un triomphe certain couronne sa souffrance.
Eh, comptez-vous pour rien de ne sentir jamais
Ces remords dévorans, le tourment des forfaits ?.
Ma fille.. permettez ce nom à ma tendresse,
Madame, mon amour vous conjure, vous presse ;
Adèle suppliante embrasse vos genoux :
Ne la rejettez point ; de grace, levez-vous.

*Adèle soulève Gabrielle comme malgré elle, la prend dans ses bras ;
& va l'asseoir sur une chaise qui est un peu éloignée de la table.*

Rappelez à ma voix votre ame fugitive.

GABRIELLE.

Tu peux m'aimer, Adèle, & vouloir que je vive !
Ce sommeil de douleur auroit fini mes jours.
Quel fruit me reviendra de tes cruels secours ?

La mort est l'espoir seul de l'infortune extrême...

Quand mon cœur, chaque instant, armé contre lui-même,

De traits qui lui sont chers, loin de s'entretenir,

Tâchoit d'en écarter le moindre souvenir,

Puisoit dans ma raison une force incertaine

Pour s'immoler entier au tyran qui l'enchaîne ;

Quand voulant m'aveugler sur ma sombre langueur,

Mon devoir s'efforçoit de m'en cacher l'auteur,

D'affaiblir une image, au fond de l'ame empreinte ;

Lorsque je repoussois la plus legere plainte,

Ce qui pouvoit nourrir un malheureux penchant,

Par la vertu détruit, & toujours renaissant ;

Le soupçon ombrageux qui m'assiège sans cesse,

Avec des yeux jaloux observe ma tristesse ;

Il ne m'est pas permis, au comble du malheur,

De laisser un soupir s'échapper de mon cœur !

Ainsi qu'une coupable à périr condamnée,

C'est dans un noir cachot que je suis entraînée.

De sanglots douloureux, mes cris entrecoupés,

Les pieds de mon bourreau de mes larmes trempés,

La lumiere du jour prête à m'être ravie,

Rien ne peut d'un cruel désarmer la furie !

Sans l'avoir mérité, soumise au châtiment,

Eprouvant en secret un plus affreux tourment,

D'amertumes nourrie, & de pleurs abreuvée ;

A des bruits outrageans peut-être réservée ,

Je meurs , victime enfin d'un trop barbare époux !

Eh !.. Ce n'est pas Couci qui m'eût porté ces coups !...

Quel nom j'ai prononcé ! Qu'ai-je dit, malheureuse?..

Peins-toi ce digne objet d'une ardeur vertueuse ,

Que de ses dons heureux la nature embellit,

Qui joint à la valeur les graces & l'esprit,

Des chevaliers Français la gloire & le modèle...

ADÈLE.

Il le faut oublier !

GABRIELLE.

                    Je le sais, cher Adèle ;

Je sais que de mon cœur je devrois le bannir,

Et l'inhumain Fayel m'en fait trop souvenir !

Oui, pour jamais, Adèle, éloignons cette image ;

Qui dans mes sens excite un éternel orage..

Que fait-il sur ces bords, théâtre des combats,

Où nos héros chrétiens vont chercher le trépas ?

Auroit-il de son sang arrosé cette terre ?

Cueille-t-il des lauriers dans ces champs de la guerre)

Les graces & l'esprit. Raoul de Couci a composé des chansons que l'on comparoit dans le tems à celles d'Abailard.

S'il étoit informé qu'aux autels, malgré moi,
Un pere a disposé de ma main, de ma foi,
Que je suis asservie au pouvoir d'un barbare,
Que dans les bras d'un autre.. Adèle.. je m'égare..
Je n'y veux plus songer, & j'en parle toujours !
La raison, le devoir me sont d'un vain secours !
Arrache donc ce trait de mon ame expirante ;
Chere Adèle, soutiens ma force languissante ;
Parle-moi d'un époux, qui fait tous mes malheurs ;
Dis-moi : pour quel sujet s'allument ses fureurs ?
Qui peut envenimer sa sombre jalousie,
Contre de faibles jours armer sa barbarie ?

ADÈLE.

J'ignore le motif de ces nouveaux excès ;
Il paraît dominé par les plus noirs accès ;
C'est un lion terrible, étincelant de rage
Qui dévore de l'œil, & s'apprête au carnage ;
Jamais ce cœur brulant, à ses transports livré,
Par les soupçons jaloux ne fut plus déchiré ;
Cependant à travers cette fureur extrême,
On découvre aisément que le cruel vous aime..

GABRIELLE.

Il m'aime, chere Adèle ! ah ! qu'est-ce donc qu'aimer,
Si de semblables feux l'amour peut s'enflammer ?

On n'aime point ainsi.. j'en suis trop assurée.

A D È L E.

Croyez-en mes conseils, ma tendresse éclairée :

A vos pieds, d'un seul mot, vous pouvez appeller,

Et calmer ce tyran, qui nous fait tous trembler :

Qu'une lettre touchante, à mes mains confiée,

Reçoive vos douleurs, & lui soit envoyée,

Qu'il lise...

G A B R I E L L E.

　　　　Est-ce bien toi, qui m'oses proposer

D'implorer la pitié, quand j'ai droit d'accuser,

Que dis-je, de punir l'auteur de mon supplice,

Si la force toujours appuyoit la justice ?

Quel crime ai-je commis ? de l'aveu paternel,

Je goûtois les douceurs d'un penchant mutuel.

Couci, de qui la race en héros si féconde,

Voit monter ses rameaux jusqu'aux maîtres du monde,

Étoit prêt d'allier par des nœuds assortis,

La splendeur de son nom à l'éclat des Vergis.

Un débat imprévu vient diviser nos pères ;

Il me faut renoncer à des ardeurs si chères,

Jusqu'aux maîtres du monde. Couci étoit allié aux maisons

souveraines de France, d'Ecosse, de Savoye, de Lorraine, &c.

Étouffer les soupirs de mon cœur mutiné,
D'un autre que l'amant qui m'étoit destiné,
Subir, & pour jamais, le joug insupportable,
D'un devoir odieux esclave misérable,
Contrainte à me combattre, à me tyranniser,
Lutter contre des loix que j'ai dû m'imposer,
Trembler, à chaque instant, de surprendre en mon ame
Quelque étincelle, hélas ! de ma premiere flamme,
Redouter d'éclaircir des sentimens confus....
O Dieu ! que sans mélange il est peu de vertus !
Et, lorsqu'on y descend, quel cœur n'est point coupable ?
Il n'est qu'un seul reméde au tourment qui m'accable :
Adèle, cette mort, trop lente pour mes vœux,
Ne sçauroit assez tôt fermer mes tristes yeux.
Si tu m'aimes, tu dois souhaiter que j'expire ;
Le trépas mettra fin au mal qui me déchire ;
Et qui te répondra, si je vis plus longtems,
Que ma fierté résiste à des assauts constants ?
Car tous ces mouvements, qu'à regret on surmonte,
Ce n'est point la vertu, c'est l'orgueil qui les dompte.
Laisse-moi donc mourir, digne encor de pitié,
Digne de mon estime & de ton amitié..
Si tu voyois un jour cet objet de ma peine,
Dont jusques au cercueil j'aurai traîné la chaîne...

Ce n'eſt pas avec toi qu'il faut diſſimuler ;
Pour lui, plus que jamais mon cœur ſe ſent troubler ;
Dis lui que cet amour.. non, ſoutiens mieux ma gloire,
Adèle, que Couci reſpecte ma mémoire ;
Qu'il prête plus de force à mon dernier ſoupir,
Qu'il penſe que j'ai pu triompher.. & mourir !

A D È L E.

Madame...

G A B R I E L L E.

En ce moment où s'entr'ouvre ma tombe,
Où laſſe de combattre, à la fin je ſuccombe,
Je voudrois voir mon père, expirer dans ſes bras,
Quoique vers cet abîme il ait conduit mes pas
Ceux à qui nous devons, Adèle, la naiſſance,
Semblent nous conſoler par leur ſeule préſence ;
Et les doux nœuds du ſang, tout prêts d'être rompus,
Nous deviennent plus chers, & ſe reſſerrent plus.
Que dans ſon ſein mon ame exhalée...

                                        SCÈNE

SCÈNE III.

GABRIELLE, VERGI, ADÈLE.

GABRIELLE *appercevant son père,*
s'efforce de se lever, & va tomber dans ses bras.

AH! mon pere!

VERGI *cédant à sa tendresse, embrasse*
sa fille.

Ma fille !... *Il reprend sa fermeté & change de ton.*

Gabrielle, il faut ne me rien taire,
Répondre à ma franchise avec sincérité,
Et ne pas offenser du moins la vérité.
Sans doute, des vertus dans votre ame gravées
Quelques-unes encor s'y seront conservées.
Avant que de poursuivre un plus long entretien,
J'attens de vous un mot. Examinez-vous bien :
Ce mot décidera ce qui me reste à faire :
Dois-je être votre juge ?... *Avec attendrissement.*

Ou serais-je ton pere ?

GABRIELLE, *avec une noble fermeté.*

Mon pere. Avez-vous pu balancer un instant,
Seigneur, & m'accabler par ce doute affligeant?

C

Je ſçais ce que je dois au rang de ma famille,
A l'honneur de porter le nom de votre fille;
C'eſt vous en dire aſſez, pour mériter, Seigneur,
Que mon pere aujourd'hui daigne voir ma douleur.

VERGI, *regardant attentivement ſa fille.*

De quelque audacieux, ſi l'ardeur inſenſée,
Par un nœud reſpecté n'étoit point repouſſée,
Si juſques dans tes mains, un coupable billet
Apportoit les ſerments d'un amour indiſcret,
Parle, que ferois-tu?

GABRIELLE.

        Ce que l'honneur commande,
De votre fille enfin ce qu'il faut qu'on attende;
Je connais de l'hymen les auſteres égards;
Cet écrit n'auroit pas un ſeul de mes regards,
Et.. (*à part.*) qui pourroit, hélas! aſpirer à me plaire?

à ſon pere.

Mais d'où vient?

VERGI *regardant ſa fille avec plus d'attention & d'un ton encore plus ferme.*

      Quelque fût cet amant téméraire,
Son rang, ſon fol amour...

GABRIELLE *marquant une espèce*
d'embarras.

Seigneur.. je vous l'ai dit :
Je ne trahirai point l'honneur qui m'asservit.

VERGI *serrant Gabrielle dans son sein.*

Eh bien ! si cette fille à mon cœur toujours chere
N'a point, & je l'en crois, de reproche à se faire ;
Si, digne de mon sang dont l'éclat jusqu'ici
Dans six siècles entiers ne s'est pas démenti,
Elle a sçu conserver sa splendeur noble & pure ;
Pourquoi ces noirs ennuis dont un époux murmure ?

GABRIELLE *troublée.*

Vous me le demandez ?.

VERGI.

Qu'ai-je entrevu ?.. mes yeux
Veulent bien se fermer sur un trouble honteux.,
Ma fille.. plains Fayel, le feu qui le dévore,
C'est un amant jaloux qui brûle, qui t'adore...

GABRIELLE.

Il m'aime, lui, mon pere ! il ne peut que haïr.
Il m'aime ! ah ! les tourments qu'il me fait ressentir,

Dans six siècles entiers. La maison de *Vergi* étoit déjà une des
plus illustres de la Bourgogne.

C ij

Mes yeux noyés de pleurs, ses fureurs, ses outrages,
Ces murs.. d'un cœur épris sont-ce les témoignages?

VERGI.

Je viens t'en retirer ; par un retour constant,
Fayel s'est laissé vaincre, il gémit, il t'attend ;
L'amour a de son front chassé toutes les ombres ;
Je l'avois attendri ; j'atteignois ces lieux sombres ;
Il vole sur mes pas, plein d'un nouveau transport,
M'arrête.. enfin il céde, & va changer ton sort ;
Tu n'éprouveras plus cette fureur jalouse ;
Il te rend un époux.. qu'il retrouve une épouse.

GA' 'IELLE.

L'épouse de Fayel ; oui, grace à vos rigueurs,
L'hymen joint nos destins, sans unir nos deux cœurs.
Le respect de moi-même, & ma persévérance,
Mes soupirs renfermés dans la nuit du silence,
Tout ce que le devoir impose de fardeau,
Je sçaurai le traîner jusqu'au bords du tombeau.
Mais arracher le trait dont mon ame est blessée,
Détruire un souvenir qui vit dans ma pensée,
Mais dans le fond du cœur préférer un cruel,
A... vous sçavez l'époux que me nommoit le ciel,
D'un tigre rugissant apprivoiser la rage,
Cet effort généreux surpasse mon courage,

Je ne puis qu'expirer, & j'attens ce moment
Comme l'unique terme à mon affreux tourment..
avec emportement.
Et pourquoi me contraindre à cacher ma bleffure,
A dévorer des pleurs fous un maintien parjure?
Que ce cœur gémiffant, à Fayel dévoilé,
Lui montre tous les maux dont il eft accablé,
Qu'il apprenne qu'un autre...

VERGI.

      Arrête, malheureuse;
Sont-ce là les tranfports d'une ame vertueufe?
Je frémis! fi jamais Fayel étoit inftruit
Qu'un feul de tes foupirs... A quoi fuis-je réduit?
avec attendriffement.
Sçais-tu quel eft ton fort, ô fille infortunée?
Sçais-tu.. que je te perds, qu'au cercueil entraînée..

GABRIELLE.

Penfez-vous que la mort dans toutes fes horreurs
Ne foit pas préférable à des jours de douleurs,
Et ne vaut-il pas mieux s'enfermer dans la tombe
Que de porter un cœur qui fans ceffe fuccombe?

VERGI.

Et dis-moi: que te fert la vertu?

GABRIELLE.

        La vertu
Ne fçauroit empêcher qu'on ne foit combattu,

Et le suprême effort de l'humaine sageffe,
N'eft pas de triompher, mais de lutter fans ceffé;
Ce choc renaît toujours dans mes fens éperdus;
Je réfifte à mon cœur: qu'exigez-vous de plus?

VERGI.

Que de tes fentimens tu te rendes maitreffé,
Que tu domptes l'amour.. qui n'eft qu'une faibleffé.

GABRIELLE.

Dompter l'amour, mon pere! ah! vous ne favez pas
Ce que c'eft que l'amour, fon trouble, fes combats,
Le nouveau fentiment dont il frappe notre ame,
Ce premier trait fuivi d'une invincible flamme!
Ce feu ne s'éteint point, & ces penchants fi doux
Affermis par le tems, ne meurent qu'avec nous.
Cependant je répons, mon pere, de ma gloire;
Jamais ce feu caché n'obtiendra la victoire.
Laiffez-moi feulement implorer le trépas,
Finir ici mon fort.. ne vous oppofez pas..
Daignez...

VERGI.

C'eft toi qui vas me fermer la paupiere;
Le chagrin m'attendoit au bout de la carriere!
Un vieux foldat ainfi devoit-il expirer?
O vous qu'un beau trépas acheva d'illuftrer,

Qui pour notre foi fainte avez perdu la vie,
Trop heureux chevaliers, que je vous porte envie!

A fa fille d'un ton attendri.

Mes jours feront par toi confumés de douleur;
Ma fille, tous mes vœux étoient pour ton bonheur.
Du pere de Couci la fierté révoltante,
M'a forcé d'arrêter une flamme naiffante,
De ferrer d'autres nœuds où je croyois, hélas!
Attacher ce bonheur qui fuit loin de tes pas.
Des plus affreux liens, mes mains t'ont enchaînée!
A ce joug accablant foumets ta deftinée;
Obéis au devoir; crains furtout de montrer
Ce cœur qu'un œil jaloux s'attache à pénétrer.
Crois-moi : fans offenfer la vérité fuprême,
Ton fexe a des fecrets que l'amour, l'honneur même
Ordonne de cacher aux regards d'un époux,
Et qui doivent refter entre le ciel & vous..
Écoute mes confeils, & céde à ma priere;
Viens auprès de Fayel..ma fille..

> GABRIELLE, *avec un profond foupir.*
>
> Allons, mon pere!

Du pere de Couci. Enguerrand de Couci, pere de Raoul de
Couci, avoit joui fous plufieurs de nos rois de la plus haute
faveur; fon caractère dur & inflexible lui fit des ennemis.

SCÈNE IV.

GABRIELLE, VERGI, ADÈLE, UN ÉCUYER.

L'ECUYER *remettant une lettre à Vergi.*

CETTE lettre, seigneur, remise dans mes mains..

VERGI *avec précipitation.*

Donnez.. *Il regarde la suscription, (avec joie.)*

De nos croisés on m'apprend les destins !

L'Ecuyer sort.

SCÈNE V.

GABRIELLE, VERGI, ADÈLE.

VERGI *en ouvrant la lettre.*

C'EST ta cause, ô mon Dieu !

à peine a-t-il lu, il s'écrie.

Ptolémaïs rendue !

Je triomphe !.. à la fin te voilà confondue,

---

* *Ptolémaïs.* Autrement nommée Acre ou St. Jean d'Acre, port nécessaire aux chrétiens pour conserver leurs conquêtes. Il y avoit près de deux ans que Lusignan en formoit le siege.

Puissance de l'enfer! *Il jette encore durant quelques instants*
les yeux sur la lettre, quitte sa lecture.

Nos dignes chevaliers,

Il s'adresse à sa fille.

A ce siége ont cueilli des moissons de lauriers.

Il lit encore tout bas, & interrompt encore sa lecture.

Que de beaux noms marqués du sceau de la victoire!
Le mien n'est point inscrit dans ces fastes de gloire!
Je n'ai pu partager l'éclat d'un pareil fort!
Ah! c'est-là pour mon cœur le vrai coup de la mort!

Il reprend la lettre & lit haut.

Beaumont, Lonchamp, Brézé, Châtelleraut, d'Avesnes;
Garlande, Mauvoisin, Rouvrai, Ponthieu, de Fiennes,
Les premiers, ont ouvert le chemin de l'honneur.

GABRIELLE *avec transport.*

Et Couci?

VERGI *lisant toujours à haute voix.*

Sous les yeux de Philippe vainqueur,
Joinville a sur la brèche arboré sa bannière,
Et du Mets au tombeau suit Chabanne & Dampierre.

Puissance de l'enfer. C'est Vergi qui parle, c'est un vieux
chevalier plein d'enthousiasme pour les croisades.

Beaumont, Lonchamp, &c. Tous noms de notre antique noblesse, ainsi que les suivants, qui sont consacrés dans l'histoire
de ce siècle.

Leur immortel renom ne peut s'étendre affés :
Mais un jeune héros les a tous furpaffés ;
    Gabrielle laiffe éclater plus d'intérêt.
C'eft Raoul de Couci : fon roi lui doit la vie ;
Un trait l'alloit percer : on frémit ; on s'écrie ;
Couci fe précipite, & de fon corps entier,
A celui du monarque il fait un bouclier ;
Le javelot l'atteint ...

GABRIELLE *avec un cri.*

Ses jours ?..

VERGI *à part.*

    Dois-je pourfuivre ?

Dans les bras de fon maître il va ceffer de vivre.

GABRIELLE.

Il n'eft plus .. *appercevant Fayel, & allant tomber sur sa chaise.*
    Dieu ! Fayel ! je me meurs.

SCÈNE VI.

FAYEL, GABRIELLE, VERGI.

FAYEL *se précipitant aux pieds de Gabrielle.*

Oui, c'est moi,

C'est moi qui, criminel, inhumain envers toi,
Ai pu te soupçonner, faire couler tes larmes,
Dans un sombre cachot enfermer tant de charmes!
C'est un cœur déchiré, plein de tous les transports,
Qui t'apporte ses feux, son trouble, ses remords..
Qui meurt à tes genoux.. pardonne, chere épouse;
Aux excès outrageans d'une ardeur trop jalouse;
Prens pitié des tourmens dont j'éprouve l'horreur;
Gabrielle.. l'amour est toute ma fureur.
Va, si je t'aimois moins, je serois moins coupable;
Fayel pleure à tes pieds.. le repentir l'accable.

à Vergi, à Adèle.

Mon pere.. à mes efforts unissez-vous tous deux:
Que j'obtienne du moins un regard de ses yeux!

GABRIELLE *éperdue de douleur.*

Ah!. laissez-moi mourir.

FAYEL.

Désarme cette haine:
Je te fais de mon cœur maitresse souveraine..
Non, je ne serai plus furieux, ni jaloux:
J'étouffe ces transports indignes d'un époux,
Je sçaurai repousser ces honteuses allarmes,
Estimer tes vertus, en adorant tes charmes;
Je veux que tes beaux jours plus sereins désormais
Coulent dans les douceurs d'une tranquille paix,
Que tu donnes des loix à mon ame asservie;
Au seul soin de t'aimer, je consacre ma vie;
Mais parle: sur ton front quelle sombre langueur;
Décele un noir chagrin qui surcharge ton cœur?

Il la regarde attentivement & reprend par degré son air ténébreux
& farouche.

Mon œil surprend des pleurs qui t'échappent sans cesse..
Est-ce à l'ame innocente à sentir la tristesse?
Tu ne me réponds point?.. tu pleures.. quel objet..

G A B R I E L L E *avec effroi à son pere.*
Mon pere!... *Vergi lui jette un regard, & court à elle.*

F A Y E L *avec emportement.*
Ah! j'ai saisi, perfide, ton secret!

V E R G I *revenant à Fayel.*
Et toujours ces soupçons qui déchirent votre ame!
Toujours vous consumer d'une jalouse flamme!

Vous jettez dans son sein le trouble & la terreur!
Elle n'ose implorer un pere en sa douleur!
Par la voix du courroux, votre amour se déclare!
Et vous voulez, cruel, être aimé? vous, barbare?
Achevez, achevez d'être ici son bourreau;
Elle n'a plus qu'un pas pour descendre au tombeau!

FAYEL *à Vergi.*

Eh bien! par mes fureurs jugez si je l'adore:
Oui, ce feu qui s'accroît me brûle, me dévore;
Oui, si jamais le sort, par un coup trop fatal,
A mes yeux inquiets découvroit un rival..
Moi-même je frémis de tant de violence:
Je défierois l'enfer d'égaler ma vengeance.

à Gabrielle, avec transport.

Déchire donc ce cœur qui ne sçauroit aimer,
Sans que tous les transports s'y viennent allumer;
C'est la derniere fois, ô trop chere victime,
Que je laisse éclater la fureur qui m'anime;
Une moins vive ardeur n'est pas digne de toi.
Quel mortel sçait haïr, sçait aimer comme moi!
Ne me refuse pas cette main que je presse.

Il la couvre de baisers & de larmes.

Où mon ame.. où mes pleurs s'attacheront sans cesse..
Viens, viens, le plus épris des époux.. des amans,
Va te faire oublier tous ces affreux momens;

Objet de tous mes vœux, ma chere Gabrielle,

Tourne sur moi ces yeux qui te rendent si belle;

Ah! plûtôt qu'une larme en ternisse l'éclat,

Que j'expire cent fois.. *avec un noble emportement à Vergi.*

      Je sers le Ciel, l'Etat,

Mon pere, de ses pieds je m'élance à la gloire ;

Je porte ma banniere aux champs de la victoire,

Tandis que votre fils au sortir de ces lieux,

Remettra dans vos mains ce dépôt précieux..

Fayel passe avec vivacité son bras autour de Gabrielle, elle est d'un autre côté soutenue par Adèle, ils ont déjà fait quelques pas vers le fond du théâtre.

SCENE VII.

FAYEL, GABRIELLE, VERGI, RAYMOND, ADÈLE.

A peine Fayel a-t-il apperçu Raymond qu'il quitte précipitamment Gabrielle, qui reste frappée d'étonnement avec son pere & Adèle, & il vole à son écuyer : quelques mots que Raymond dit à l'oreille de Fayel, lui cause la plus grande agitation ; il sort en lançant des regards enflammés de fureur à Gabrielle.

Je porte ma banniere. Les seigneurs bannerets avoient leur banniere particuliere, leurs vassaux, leurs hommes d'armes, leurs officiers, écuyers, &c. C'étoient des especes de petits souverains qui jouissoient d'une autorité absolue & qui souvent en abusoient; on retrouve encore des vestiges de ces anciens usages parmi les princes d'allemagne.

SCÈNE VIII.

GABRIELLE, VERGI, ADÈLE.

GABRIELLE. *à son père.*

ET voilà donc l'époux à qui le Ciel m'enchaîne !

VERGI *dans l'accablement.*

Quelle fureur nouvelle & l'agite & l'entraîne ?
Ses regards enflammés.. un si prompt changement !..
Je m'égare.. & me perds dans cet événement.

GABRIELLE *du sein de la profonde
douleur, à son père.*

Il est mort ! (*à part.*)

Je succombe & mon ame m'échappe !

VERGI *troublé.*

De quoi me parles-tu ?

GABRIELLE *en pleurant..*

Du seul coup qui me frappe.
Couci n'est plus ! hélas ! que sont mes autres maux ?

VERGI.

Ma fille, Couci meurt de la mort des héros ;
C'est vaincre le trépas, c'est à jamais renaître.
Qu'il est beau, qu'il est doux d'expirer pour son maître !

Couci, du chevalier a toute la splendeur,
Et de la tombe, il MONTE AU TEMPLE DE L'HONNEUR.
C'est moi qu'il faut pleurer ! au sein de la tristesse,
Se consume & s'éteint une obscure vieillesse !
Pour la première fois, j'ai connu la terreur :
J'ai vû l'instant affreux où s'échappoit ton cœur ;
Tremble, je te l'ai dit, on t'observe, on t'épie ;
Un seul mot, un soupir te coûtera la vie.
Le courroux est rentré dans le sein de Fayel :
Tente tous les moyens d'adoucir ce cruel ;
Espere. Un cœur jaloux en vain s'ouvre à la haine :
Ma fille, avec le tems la beauté le ramène,
Je ne te parle point de ce tourment secret..
La raison, la vertu t'arracheront ce trait ;
Suis mes pas ; qu'à mes loix ton ame s'abandonne ;
Un ami t'en conjure ; un pere te l'ordonne.

La fille s'éloigne.

---

* Monte au temple de l'honneur. Expression consacrée dans le langage de l'ancienne chevalerie ; pour désigner un chevalier parvenu au comble de la gloire, on disoit qu'il étoit monté au temple de l'honneur.

FIN DU SECOND ACTE.

ACTE III.

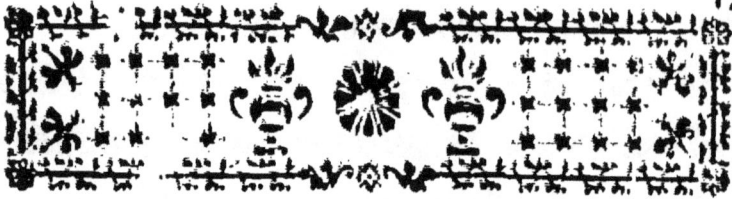

ACTE III.

On voit un parc d'une vaste étendue, dont les arbres aussi épais qu'élevés s'avancent sur le théâtre; dans le lointain on découvre un château, & une tour à côté, &c.

SCÈNE PREMIERE.

RAOUL DE COUCI, MONLAC;

Couci est précédé de sa banniere, & entouré d'écuyers & d'hommes d'armes, qui portent toutes les pièces d'une armure, une hache, une masse, des gantelets, des brassards, un casque, &c. & un trophée formé de drapeaux enlevés sur les Sarrasins, & entrelassé de plusieurs palmes, &c.

COUCI *faisant quelques pas, à Monlac.*

CES drapeaux remportés sur de fiers ennemis,
Vainqueurs de Lusignan, par Philippe soumis,

On voit un parc. Qu'on se souvienne que les parcs étoient alors ouverts & que ce fut ce même Philippe Auguste dont il est question ici, qui fit enfermer de murailles le parc de Vincennes.

Et d'hommes d'armes. Qu'on se rappelle que Couci étoit chevalier banneret; c'étoit la premiere classe des chevaliers ainsi nommés, parce qu'ils avoient seuls le droit de faire porter

D

Ces palmes de Syrie à leurs mains enlevées,
A nos héros chrétiens déformais réservées,
De mes faibles exploits cet appareil flatteur,
Ce noble prix enfin, dont un Dieu protecteur
A payé d'un soldat la bravoure & le zèle,
M'entretient de ma gloire.. & non de Gabrielle !

à ses autres écuyers & hommes d'armes.

Allez : que l'on m'attende auprès de ce séjour.

à Monlac qui porte la lance & le bouclier de Couci.

Monlac, reste avec moi.

Les écuyers se retirent.

---

devant eux à la guerre leur bannière particulière; elle étoit d'une forme quarrée, au lieu que celle des simples chevaliers étoit prolongée à deux pointes, comme on en voit encore à l'église dans quelques-unes de nos cérémonies religieuses ; ces seigneurs bannerets avoient à leur service cinquante hommes d'armes, qui à leur tour avoient sous leurs ordres deux cavaliers & plusieurs domestiques ; le nom de chevalier banneret ne s'est conservé qu'en Angleterre.

Monlac, reste avec moi. C'étoit l'écuyer du corps ; ces sortes d'écuyers accompagnoient partout leur maître ; ils étoient chargés de sa lance, de son bouclier : celui de Couci est de forme ovale ; la banderolle de sa lance est de couleur blanche, ainsi qu'un cordon de soie, mêlé de perles, qui est attaché à la partie supérieure de son casque. D'ailleurs on vient de lire à la fin de la préface comment mes personnages doivent être habillés.

SCÈNE II.

COUCI, MONLAC.

COUCI *avec vivacité.*

PARLONS de mon amour.

MONLAC.

Est-ce bien vous, seigneur, qui tenez ce langage,
Vous dont l'Asie encore admire le courage?

COUCI.

Monlac, dans les périls j'ai montré ma valeur;
J'ai satisfait mon roi, ma patrie & l'honneur;
Attaché constamment aux loix qu'elle m'impose,
De ma religion j'ai défendu la cause,
Et sans que le devoir ait droit d'en murmurer,
A sa flamme aujourd'hui Couci peut se livrer.

vivement.

Profitons des moments d'une fête brillante
Qui retient à Dijon la marche impatiente

Qui retient à Dijon. On suppose que le duc de Bourgogne, ou
le prince qui le représentoit, car Hugues étoit resté à la Terre
Sainte, a invité Philippe-Auguste au retour de la Palestine à
passer par Dijon; c'est le chemin qui conduit à Paris, & ce

D ij

D'un roi victorieux, à Paris attendu;

Ami, tout mon bonheur va donc m'être rendu!

Du-moins je reverrai cette beauté si chere!

Tu penses que mes pas vers ce lieu solitaire,

Par un jeu du hazard, ont été détournés?

Par le plus tendre amour ils y sont amenés.

MONLAC.

Que dites-vous, Seigneur!

COUCI.

C'est ici la patrie

De l'objet enchanteur qui regne sur ma vie;

Dans ces climats heureux, non loin de ce séjour,

L'aimable Gabrielle ouvrit les yeux au jour;

Libre pour quelque instant, j'accours m'occuper d'elle,

Dans tout ce que je vois, adorer Gabrielle;

Vers ces bois, elle aura tourné ses premiers pas;

Ils auront vu s'accroître, & briller ses appas;

---

monarque effectivement prit la route de Lyon pour se rendre dans la capitale. La Bourgogne, dès le tems de Charles le simple, avoit ses ducs; un Richard dit le justicier, y commandoit en souverain plutôt qu'en vassal. Couci, aux portes de Dijon, a donc pu pour quelques momens se séparer de la cour, & quitter le roi.

Ami. Couci peut traiter Monlac d'ami: les écuyers étoient souvent les cadets des meilleures maisons; il n'est pas étonnant qu'ils fussent chers à leurs maîtres: ils étoient ordinairement les dépositaires de leurs secrets.

Elle se a venue y chercher la nature;
Elle a toujours de l'art rejetté l'imposture;
Ah! tu ne connais pas le pouvoir de ses yeux!
Un regard dans mon ame alluma tous les feux.
Gabrielle jamais ne s'offrit à ta vue.
Par les travaux guerriers mon ardeur combattue
A, jusques à ce jour, retenu ces aveux.
Qui flattent les ennuis de l'amour malheureux.
Figure-toi, Monlac, une beauté naissante
Que la tendre langueur rend encor plus touchante;
Ces charmes ingénus, ce timide embarras,
Cette grace modeste au dessus des appas,
Peins-toi tous les attraits: voilà sous quelle image
L'aimable Gabrielle emporta mon hommage.
Contre l'abus du rang & de l'autorité,
Son pere, de Philippe imploroit l'équité;
Les beaux yeux de sa fille étoient mouillés de larmes;
Qu'avec transport mon cœur ressentit ses allarmes!

Son pere, de Philippe. Le Preux de Vergi étoit venu implorer le secours de Philippe-Auguste contre Hugues son souverain, qui, les armes à la main vouloit s'emparer de son comté; Philippe fit rendre justice à l'offensé, & l'affermit dans ses possessions, aux conditions qu'il lui en feroit hommage en qualité de seigneur suzerain.

Toute la cour, Monlac, eut l'ame de Couci,

Et chérit comme moi la fille de Vergi ;

Au louvre avec son pere elle fut amenée.

La fille des GRANDS ROIS, dont le noble hymenée

Vint au sang des Capets, dignes de leur grandeur,

Du sang de Charlemagne ajoûter la splendeur,

L'augufte Elifabeth, franchiffant l'intervalle,

Parut dans Gabrielle accueillir fon égale.

Un de ces jeux guerriers, qu'inventa le Français,

Pour nourrir la valeur dans le fein de la paix,

La fille des GRANDS ROIS. C'étoit la dénomination con-
facrée pour défigner les rois de notre feconde dynaftie ; les
Français en adoroient encore la mémoire ; Philippe-Augufte
lui-même s'étoit propofé Charlemagne pour modele ; fa femme
nommée Ifabelle, ou Elifabeth, fille de Beaudoin VI, comte
de Hainault, defcendoit en ligne directe d'Ermengarde, fille aînée
de l'infortuné Charles, duc de Lorraine ; frere de Lothaire II,
& de Louis V ; Elifabeth par fon mariage réunit les deux mai-
fons royales, & le fang de Charlemagne fe confondit dans celui
de Hugues-Capet. La nation vit cette alliance avec des tranfports de joie qui caractérifent la tendreffe du Français pour fes
maitres ; au refte Elifabeth étoit morte long-tems avant que le roi
entreprit fon voyage de la Terre Sainte.

Qu'inventa le Français. On eft peu d'accord fur l'origine des
tournois ; les étrangers les appellent *combats Français* ou *à la
maniere des Français*, ce qui pourroit faire croire que nous en
fommes les inventeurs.

Acheva d'exciter une flamme immortelle ;
Vainqueur, j'obtins le prix des mains de Gabrielle ;
Dès cet instant, Monlac, ses chiffres, ses couleurs,
Sa devise, son nom, tout peignit mes ardeurs :
Gabrielle, en un mot, quelle fut mon ivresse !
Daigna me préférer, approuver ma tendresse ;
Je reçus de sa foi ce gage précieux,
Ce tissu, qu'elle-même orna de ses cheveux,
Présent cher à l'amour, où mes regards sans cesse
Adorent les faveurs de ma belle maîtresse.
Nos mains se présentoient au lien solemnel ;
Les flambeaux de l'hymen s'allumoient sur l'autel ;
Ils sont éteints. L'orgueil, que suit bientôt la haine,
Divise nos parents, & brise notre chaîne !
Je fis jusques au thrône éclater mes regrets ;
La douleur à l'amour prêta de nouveaux traits ;
Contre moi de Suger on arma la sagesse ;
Je pleurai dans son sein ; je gardai ma tendresse ;

Je reçus de sa foi. Il veut parler d'un brasselet de cheveux
que lui avoit donné Gabrielle.

Contre moi, de Suger. Suger, abbé de Saint-Denis, élevé aux
premières places par ses seules vertus, tenant tout de son mérite
personnel, ministre de deux grands souverains & régent du
royaume pendant nos croisades. Il est à remarquer que ces

D iv

Gabrielle cédant aux rigueurs du devoir,
Evita mes regards, je partis sans la voir ;
Mais, hélas ! j'emportai son image chérie,
Que je rapporte encor du fond de la Syrie.

MONLAC.

Et quel est votre espoir ?

COUCI.

De presser des liens
Où s'attachent mes jours, & sans doute les siens ;
Gabrielle.. n'a pu devenir infidelle...
Sa foi.. Dieu ! qu'ai-je dit ? image trop cruelle !
J'ai vu sur moi la mort réunir ses fureurs ;
J'ai sçu l'envisager dans toutes ses horreurs.

---

homme respectable fut toujours un de ceux qui s'opposerent avec
plus de fermeté à cette ridicule entreprise d'aller engloutir les
forces de l'Europe dans les plaines de l'Asie ; il fut appellé par le
roi même & par le peuple, *le pere de la patrie*, & il fut digne de
cet honneur. Suger étoit mort sous Louis le jeune, en 1182 ;
mais on n'a pas voulu faire une histoire ; on a eu dessein de
composer une tragédie, & il y a toujours bien de l'avantage
pour l'auteur d'une pièce de ce genre à rappeller ces grands
noms qui font époque dans nos annales ; ces sortes de traits
contribuent beaucoup au coloris du *drame national.*

Souviens-toi du moment où les larmes d'un maître
Au jour qui me fuyoit, m'ont rappellé peut-être,
Où déja de ma fin le bruit se répandoit ;
Tu sçais quel sentiment alors me possédoit :
Tu connais cet écrit qu'une main défaillante
Traçoit pour soulager les douleurs d'une amante,
Quand l'ombre du trépas vint obscurcir mes jours :
Cet écrit dans mon sein a demeuré toujours.
Ami, rappelle-toi ma volonté derniere ;
J'ai reçu tes serments, ta parole est sincère :
Si quelque coup mortel m'alloit percer le flanc ;
Je veux que cette lettre avec le don sanglant ..
Tu frémis !. mais j'écarte un tableau qui t'allarme ;
Du ciel en ma faveur le courroux se désarme ;
Il m'a rendu la vie, il m'aura conservé
Ce cœur qui, cher Monlac, ne peut m'être enlevé ;
Sans qu'une affreuse mort ne ferme ma paupiere.
Pour goûter le bonheur, j'ai revu la lumiere :
Je suis encore aimé ; je toucherai Vergi ;
L'inflexible Enguerrand sera même attendri,
Philippe.. je l'ai vu quittant le diadême,
Adoucir à mes yeux la majesté suprême,
Et me cacher le roi, pour me montrer l'ami,
Philippe, à ses genoux verra tomber Couci ;

Il entendra les vœux d'un serviteur fidelle;

Et...

MONLAC.

Seigneur, pardonnez, si d'une main cruelle

Je déchire le voile épaissi sur vos yeux,

Mais le malheur prévu nous paraît moins affreux.

Vous me parlez, seigneur, d'un prince qui vous aime;

Avez-vous observé que Philippe lui-même,

Quand devant lui vos feux osoient se déclarer,

Affectoit de se taire, & sembloit soupirer?

Le sage Montigni dont la haute vaillance

Mérita de porter l'étendard de la France,

Le sage Montigni. Quelle douceur on goute à rendre un hommage public à la vertu, & que je serois heureux de venger de l'oubli de l'histoire qui ne l'a cité qu'une fois, le nom du brave Galon de Montigni, guerrier d'autant plus respectable qu'il étoit dans l'indigence! C'est ce digne chevalier qui portoit à la journée de Bovines l'étendard de France (banniere de velours bleu céleste, parsemée de fleurs de lys d'or, qu'il ne faut pas confondre avec l'oriflamme qui étoit de taffetas rouge, garnie, aux extrémités, de houpes de soye verte.) Montigni, dans cette bataille où Philippe-Auguste fut renversé de cheval & alloit être foulé aux pieds des chevaux, haussoit & baissoit la banniere royale, pour donner à toute l'armée le signal du péril où se trouvoit le monarque; ce vaillant homme, quoiqu'embarrassé de son étendard, fit au roi un rempart de son corps, renversant à grands coups de sabre tout ce qui se présentoit pour l'assaillir; (ce sont les expressions de Velly) j'ajouterai que Montigni demeura

Et qui fait respecter au courtisan confus
Une pauvreté fiere, & de simples vertus ;
Ce digne chevalier vous invite à combattre
Un penchant malheureux & trop opiniâtre ;
Sargines & de Roye, à ce brave homme unis,
Vous donnent des conseils...

COUCI *avec emportement.*

Qui feront peu suivis :
J'en croirai mon amour.

MONLAC.

Mais votre FRERE D'ARMES,
Courtenai vous embrasse, en répandant des larmes.

---

toujours pauvre, mais couvert d'une gloire immortelle dont je defirerois bien étendre l'éclat.

Sargines & de Roye. Sargines autre chevalier connu par sa bravoure & sa capacité ; St. Louis, au retour de son premier voyage de la Palestine, lui confia le commandement des troupes qui y étoient restées. De Roye un des dignes favoris de Philippe Auguste, & appartenant à une maison aussi ancienne & d'illustre.

Votre frere d'armes. C'étoit une espece d'association consacrée par des serments & par des cérémonies religieuses ; les contractans baisoient ensemble la paix que l'on présente à la messe & quelquefois recevoient en même tems la communion ; on a dans l'histoire de Henri III, un exemple qui démontre que ces fra-

Par quel événement & dans ces mêmes lieux,
S'est perdu ce billet où s'exprimoient vos feux?
Quand tout de vos transports marque la violence,
Seigneur.. fur Gabrielle on garde le filence.

COUCI.

Que me dis-tu, Monlac? je devrois rejetter
Des préfages certains qui viennent me flatter!
Tu fais entrer la mort dans un cœur trop fenfible
Gabrielle, grand Dieu!. non, il n'eft pas poffible,
Non, tu ne peux m'ôter un doux rayon d'efpoir;
Elle vit, elle m'aime & je vais la revoir!
En vain à l'oublier on voudroit me contraindre;
Du faible courtifan mon pere fe fait craindre;
Mais je vaincrai mon pere, & le fort conjuré,
Et je vole à Paris former ce nœud facré.

---

ternités exiftoient encore de fon tems ; il avoit communié avec
le duc de Guife, de la même hoftie ; le duc de Bourgogne
s'étoit lié auffi de même avec le duc d'Orléans, & l'on fçait
quelles furent les fuites de ces fraternités ; en un mot l'affiftance
qu'on devoit à fon *frer d'armes* l'emportoit encore fur celle
que les dames étoient en droit d'exiger ; le connétable du Guef-
clin parlant de Louis de Sancerre, dit *mon frere d'armes.*

Courtenai. Ce nom eft trop connu pour qu'on s'y arrête;

Ne fut-il qu'un inftant l'époux de Gabrielle,
Couci goûte un bonheur, une ivreffe éternelle..
O Dieu, qui fur mes jours étendiez votre bras,
Ne m'auriez-vous tiré des gouffres du trépas,
Que pour me replonger plus avant dans la tombe?.
Sous tant de coups divers, mon courage fuccombe!

Couci va s'appuyer contre un arbre & y refte quelques. minu-
tes dans cet accablement.

SCÈNE III.

GABRIELLE, COUCI, ADÈLE, MONLAC.

GABRIELLE *entrant fur la fcène du côté oppofé*
à celui de Couci, que l'épaiffeur des arbres empêche de voir,
la tête panchée dans le fein d'Adèle, qui la foûtient; elle lève
enfuite la tête, & d'une voix languiffante à Adèle.

JE puis donc dans ton fein pleurer en liberté,
Chere Adèle.. *elle retombe dans la même fituation, releve la tête*
Il n'eft plus!. & je vois la clarté!
De mouvemens fecrets le mélange m'accable!.
Je ne fçais fi je fuis vertueufe ou coupable.
Malheureufe! mes fens font remplis de douleur!
Eft-ce à moi de douter du crime de mon cœur?

à Adèle.

L'auroit-on pénétré ? *Elle retombe dans le sein d'Adèle. Pen-*
dant ce tems, Couci quitte sa situation, leve les yeux au ciel &
va quelque pas plus loin se replonger dans son accablement. Ga-
brielle & Adèle avancent sur la scène.

             Je soutiendrois, Adèle,

Mes peines.. mes tourments.. la mort la plus cruelle..

Si du moins il vivoit ! *elle apperçoit Monlac.*

              Que veut cet écuyer ?.

Me trompé-je ?. est-il vrai ? .. voilà le bouclier. :

Mon chiffre.. *avec un cri,* l'écusson de Couci !.

          C O U C I *s'entendant nommer, leve la tête ;*
                 reconnaît Gabrielle & vole à elle.
                      Gabrielle !

      G A B R I E L L E *reconnaissant Couci.*

Couci !

           C O U C I.

     Je puis tomber à ses génoux !. c'est elle !. :

Je me meurs.. à tes pieds, objet cher & charmant,

Vois d'amour & de joie expirer ton amant ;

Du poison des douleurs ma flamme s'est nourrie ;

L'absence ni le tems ne l'ont point affaiblie ;

J'ai porté ton image au milieu des combats,

Jusqu'au bord du tombeau, dans le sein du trépas.

Gabrielle ! en ces lieux ! quand mon ame éperdue..

Eh ! quel bienfait du ciel ici t'offre à ma vue ?

Parle, divin objet d'une constante ardeur :

Qu'un regard de tes yeux acheve mon bonheur !

Gabrielle est mourante dans les bras d'Adèle.

R'ouvre-les à ma voix .. c'est l'amant le plus tendre ,
Le plus rempli de toi, que le fort vient te rendre..

GABRIELLE.

C'est vous ! Couci ! c'est vous ! vous vivez .. *à Adèle.*
Aide-moi ;

Retirons-nous , *elle fait quelques pas comme pour se retirer.*

COUCI *s'opposant aux pas de Gabrielle.*

Tu fuis, lorsque je te revoi !

Gabrielle .. aurois-tu trahi cette tendresse ?.

GABRIELLE.

à Adèle.   *à Couci.*

Que dit-il ?. laissez-moi .. laissez ..

COUCI *s'opposant toujours aux pas de Gabrielle.*

Que je te laisse !

Tu ne m'aimerois plus ?

GABRIELLE.

Je le devrois , hélas !

(*à part.*)
Je m'égare.. où cacher mon trouble & mes combats ?

COUCI.

Tu le devrois ? quels sont les malheurs que j'ignore ?
Gabrielle , Couci plus que jamais t'adore ;
Par de nouveaux serments je viens m'unir à toi,
Te demander ton cœur , te demander ta foi..

GABRIELLE.

Et je l'entends !. *à Adèle.*

Allons , Adèle..

FAYEL,

COUCI.

Non, ingrate,

Je ne vous quitte point; que votre haine éclate.

GABRIELLE.

Si je vous haïssois, je n'hésiterois pas...

Ma faiblesse, Couci.. n'arrêtez point mes pas,

COUCI.

Je vous suis cher encore.. & quel caprice étrange..

GABRIELLE.

Mon honneur, mon devoir..

COUCI.

Votre devoir ! qu'entens-je !

Elle veut se retirer.

Non, poursuivez.. l'effroi me glace, me saisit..

GABRIELLE.

Couci.. ce mot affreux doit vous avoir tout dit.

COUCI.

Appellez-vous devoir la rigueur de nos peres ?

GABRIELLE *à Couci.*

(*à part.*)

Eh ! qu'il est entre nous de plus fortes barrieres !

à Adèle.

Adèle, ôte-moi donc de ces funestes lieux.

COUCI.

Quelle affreuse clarté m'a dessillé les yeux !.

Seroit-il

Seroit-il vrai?. la foudre .. un fatal hymenée..

GABRIELLE.

Pour jamais nous sépare.. & me tient enchainée.

COUCI.

J'expire. *Il tombe dans les bras de Monlac.*

GABRIELLE *à Couci.*

Oui, j'ai promis ma foi, mes sentiments à
C'est un autre que vous qui reçut mes serments ;
Asservie à mon pere, au devoir immolée,
Entraînée à l'autel, mourante, désolée,
Oui, j'ai donné ma main ; un autre que Couci
Doit régner sur ce cœur prêt d'être anéanti.
Je ne suis plus à moi ; de toutes mes pensées,
Je n'en puis donner une à nos ardeurs passées ;
Il faut me repentir de vous avoir aimé,
M'enchaîner toute entiere au nœud que j'ai formé..
Vous jugez par mes pleurs combien ce nœud me coûte !
Ne portez pas plus loin un jour que je redoute,
Épargnez-moi l'affront d'avoüer devant vous
Qu'en secret quelquefois je trahis mon époux,
Que je suis du devoir l'éternelle victime...
Couci, voudriez-vous me ravir votre estime ?
C'est le seul sentiment digne de mon retour,
Et qui puisse aujourd'hui nous tenir lieu d'amour.

E

On avoit répandu l'accablante nouvelle,

Que, fauvant votre roi d'une atteinte mortelle,

Entre fes bras, le camp vous avoit vu périr;

Vous vivez. Il fuffit.. c'eft à moi de mourir.

Couci met avec tranfport la main fur fon épée.

Qu'allez-vous faire, ô ciel ?

Adèle & Monlac fe joignent à Gabrielle
pour retenir Couci.

COUCI.

M'arracher une vie

Que j'ai trop en horreur, quand vous m'êtes ravie.

GABRIELLE.

Arrêtez ; écoutez..

COUCI *toujours la main fur fon épée.*

Eh ! quel fera mon fort ?

Laiffez-moi m'enfoncer dans la nuit de la mort,

Me hâter de détruire une horrible exiftence..

GABRIELLE *avec tendreffe & en pleurant.*

Ah ! Couci fur votre ame eft-ce là ma puiffance ?

COUCI *à ce mot, fort de fa fombre*
fureur & ôte la main de deffus fon épée.

Il faut donc que toujours j'obéiffe à vos loix ?..

Je vivrai.. je vivrai pour mourir mille fois.

Que j'abhorre cet art dont le fecours funefte

Eft venu ranimer des jours que je détefte?

Au fer du Sarrafin pourquoi fuis-je échappé ?

à Monlac avec douleur.

Monlac, de pareils coups devois-je être frappé ?
C'eft moi ! c'eft ce guerrier nourri dans les allarmes,
Qui céde au défefpoir, & qui meurt dans les larmes !

à Gabrielle avec emportement.

Et quel eft, dites-moi, l'orgueilleux ravifleur
Qui m'ôte votre main, qui m'ôte votre cœur ?

GABRIELLE.

Quel qu'il foit, il doit être à vos yeux refpectable..
Un plus long entretien me rendroit plus coupable.
Que l'ame eft faible, hélas ! qu'elle a peu le pouvoir
De ne pas s'écarter des bornes du devoir !
J'y veux rentrer. *à Couci.*

L'honneur, le ciel, tout nous fépare..
Pour la derniere fois je vous dis.. je m'égare..
L'un à l'autre, Couci, cachons-nous nos regrets ;
Adieu.. fouvenez-vous.. ne nous voyons jamais..

elle va pour fe retirer.

(*à Adèle.*)

Je tremble que Fayel..

COUCI.

Fayel ! c'eft ce barbare,
Dont l'amour, juftes cieux ! poffede un bien fi rare !

E ij

Lui!.. je cours à l'inftant l'immoler de ma main.;

       G A B R I E L L E *s'oppofant avec vivacité*
                       au paſſage de Couci.

Commencez donc, cruel, par me percer le fein;

Comblez le fort affreux qui pourfuit Gabrielle,

Elle n'eft point affez parjure & criminelle:

Il manquoit à fes maux, à fon penchant fecret,

D'embraffer vos fureurs, de nourrir le forfait,

De profcrire une vie à la fienne attachée..

Que ma révolte éclate, & ne foit plus cachée!

Allez, barbare, allez, raffemblant tous les coups,

Sous les yeux de fa femme égorger un époux..

O Dieu! ma deftinée eft-elle affez affreufe?

Quels font tous mes tourments! je fuis bien malheureufe!

Hélas! je me flattois qu'un cœur dans l'univers

Pourroit plaindre ma peine, & fentir mes revers..

Et c'eft Couci qui veut imprimer fur ma vie,

La tache du foupçon & de la perfidie!

C'eft Couci qui m'expofe à perdre cet honneur,

Bien plus cher que ces jours confumés de langueur,

Dont bientôt, grace au ciel! la durée eft remplie!

Fayel.. il n'eut jamais autant de barbarie;

Gabrielle mourante eut pu le défarmer..

      à Couci, en le regardant avec tendreſſe.

Tous deux percez mon cœur.. & vous favez aimer!

COUCI.

Crois que je fais aimer, puisque je vis encore.
Eh bien! faut-il souffrir un rival que j'abhorre,
Dans un tyran jaloux te voir, te respecter,
Mourir de mon amour, sans le faire éclater;
Quand de toi seule enfin mon ame est possédée?
Faut-il me refuser jusqu'à la moindre idée
Qui soulage mes maux, & flatte cette ardeur?..

avec transport.

Je ne pourrai jamais t'arracher de mon cœur.
D'un amant malheureux souveraine adorée,
Qui toujours de Couci seras idolâtrée..
Que la pitié dumoins te parle en ma faveur.

GABRIELLE *s'attendrissant.*

La pitié, cher Couci!. Dieu! quelle aveugle erreur!
à Adèle.
De l'abîme où je cours que ton bras me retire;
Elle fait quelques pas.
Guide mes pas, fuyons..

COUCI *se précipitant à ses pieds.*

Qu'à tes genoux j'expire!

GABRIELLE *regardant avec effroi
derrière elle.*

à Adèle.
Arrache-moi d'ici.. *à Couci.* Je tremble.. leve-toi..

E iij

SCÈNE IV.

GABRIELLE, COUCI, ADÈLE, MONLAC,

officiers & écuyers de Fayel qui, dans le moment que Couci est aux pieds de Gabrielle & lui baise la main, se divisent en plusieurs troupes & fondent sur l'une & l'autre, ainsi que sur Adèle & sur Monlac; Couci veut tirer son épée.

COUCI.

ON m'ôte mon épée!. ah! lâches! *il voit qu'on se saisit de Gabrielle.*

C'est.. c'est moi!

C'est moi! de mes transports elle n'est point complice.
On l'emmène.

GABRIELLE *que l'on emmène d'un autre côté.*

Il n'est point criminel .. que seule on me punisse.
On baisse la toile.

FIN DU TROISIEME ACTE.

ACTE IV.

La scène représente l'appartement du premier acte, on y voit un dais; c'étoit une des marques de distinction dont jouissoient les seigneurs bannerets. A un des côtés du théâtre, est une espèce de portiere fort riche, à l'antique, qui est censée couvrir la porte d'un autre appartement. On se ressouviendra que ces seigneurs bannerets avoient des officiers, des hommes d'armes, &c. & que leur autorité ne différoit guères de celle des souverains.

SCENE PREMIERE.

FAYEL *entrant sur la scène avec tous les transports de la fureur & entouré d'une troupe d'écuyers, d'officiers & d'hommes d'armes, à qui il adresse la parole.*

QU'ON lui perce le flanc de cent coups de poignard!
Que dans son cœur la mort entre de toute part!
Par degrés, sur ses jours, épuisons la vengeance;

Ils sont prêts à sortir, Fayel court à eux & les arrête

Inventez des tourments égaux à ma souffrance;

E iv

Qu'il se sente mourir .. *ils vont se retirer, il va encore à eux.*

Non , pour quelque moment,

Qu'il vive ; suspendons un juste châtiment.

Avant que le coupable, au gré de ma furie,

Dans un supplice horrible ait exhalé la vie ,

Je veux savoir son nom , son rang, dans quel séjour ,

De quels monstres enfin il a reçu le jour,

Entrer dans les replis d'une ame criminelle ,

Y saisir les forfaits d'une femme infidelle ,

Me remplir de ma peine & m'en rassasier ;

Je veux envisager mon malheur tout entier.

S'il est quelque douceur dans mon sort effroyable,

C'est de voir à quel point l'infortune m'accable ,

De mesurer de l'œil , d'oser approfondir

L'abîme épouvantable où je vais m'engloutir ..

Le feu de la fureur s'allume dans mes veines !.

Je brûle .. *à ses officiers & écuyers.*

Que chargé des plus pesantes chaînes,

Entouré de la mort, on entraîne à mes yeux

Le perfide .. ah ! je suis vingt fois plus malheureux !

En vain pour tourmenter l'odieuse victime,

Irritant plus encor le courroux qui m'anime ,

J'emploierois le secours de la flamme & du fer :

C'est moi qui dans mon sein recéle tout l'enfer !

Oui, je suis déchiré des plus vives blessures,
Oui, je sens tous les maux & toutes les tortures;
Je mourrai dans la rage & dans le désespoir,
En horreur à ce ciel, que je ne puis plus voir :
Mais j'emporte au tombeau cette douce espérance :
J'aurai pu jusqu'au bout assouvir ma vengeance.
Je veux.. Raymond.. qu'il vienne..

Ils sortent.

SCÈNE II.

FAYEL *seul, s'appuyant la tête sur un fauteuil, la relève.*

IL est donc dévoilé
Ce mystere d'horreur !... Mon œil est dessillé !
Voilà pourquoi l'ingrate éprouvoit tant d'allarmes !
Voilà pourquoi ses yeux étoient remplis de larmes !.
A mon ressentiment ne crois pas échapper :
C'est au cœur d'un rival que je veux te frapper;
C'est-là qu'à tes regards ma main impatiente
Brûle de présenter une image effrayante,
D'offrir d'un ennemi le sang encor fumant..
Je veux que goutte à goutte on épuise son flanc;
J'aurois de la pitié !. qui ! moi ! quand Gabrielle
Pour un sensible époux ne fut pas moins cruelle !

FAYEL,

Eh! quel eſt mon deſtin?. Penchant trop écouté,
C'eſt toi qui m'as conduit à cette extrémité!..
J'étois né pour aimer avec idolâtrie;
L'amour, l'amour eut fait le bonheur de ma vie;
De Gabrielle aimé, j'euſſe été vertueux;
Tout ſe fut reſſenti du charme de mes feux..
Mon hymen n'a formé qu'une odieuſe chaîne!
Je n'ai pu, miſérable! inſpirer que la haîne!..
Eh bien, livrons-nous donc à toutes ſes fureurs;
Jouiſſons du plaiſir de déchirer deux cœurs,
D'y porter tous les traits d'une main meurtriere;
Répandons mes poiſons ſur la nature entiere.
Oui, puiſque l'on me pouſſe à cet excès affreux,
Je voudrois que par moi tout devînt malheureux.

SCÈNE III.

FAYEL, RAYMOND,

FAYEL *faisant avec vivacité quelques pas au devant de Raymond.*

L'AUTEUR de mes tourments tarde bien à paraître!

avec chaleur.

Eh bien.. dis.. le pays, le nom, le rang du traître?

RAYMOND.

Un œil audacieux, l'appareil des guerriers,
La valeur, tout annonce un de nos chevaliers;
Son front n'est obscurci d'aucune ombre de crainte;
Il n'est même à sa bouche échappé nulle plainte;
Il a vu sous nos coups tomber son écuyer,
Et son orgueil encor paraît nous défier.

FAYEL.

Cet orgueil insolent, je saurai le confondre;
Il garde le silence ? achève de répondre.

RAYMOND,

Son trouble seulement éclate dans ces mots :
» Elle n'est point coupable, & j'ai causé ses maux ! »

FAYEL.

Elle n'eſt point coupable !

RAYMOND.

A cette ſombre idée,

J'ai ſurpris le ſecret d'une ame intimidée.

FAYEL.

Raymond, il tremblera. Grace à tes ſoins heureux ;

Je puis donc à la fois me venger de tous deux !

Ah ! je goûte d'avance une cruelle joie !

L'une & l'autre victime, à ma fureur en proie,

Partageant le ſpectacle & l'horreur de leur ſort,

S'enverront pour adieux les accens de la mort.

RAYMOND *avec étonnement.*

Gabrielle, ſeigneur !.

FAYEL·

Gabrielle, elle même..

Oui, je déchirerai .. plus que jamais je l'aime!.

Des traits qui m'ont bleſſé, voila le plus mortel !

Et n'être point aimé !. ce rival .. juſte ciel !.

Ne pourrai-je auſſi loin que s'étend ma vengeance ;

Porter ſon châtiment, prolonger ſa ſouffrance ?

Ne peut-il que mourir ? qu'eſt-ce que le trépas ?

La fin de la douleur !. *à Raymond & en regardant du côté des*

portes.

Et je ne le vois pas !

Et mes yeux ne font point fixés fur fon fupplice !

RAYMOND.

A l'inftant il parait.

FAYEL.

Raymond, & fa complice ?

RAYMOND.

Nous l'avons auffitôt ramenée à la tour.

FAYEL.

Pleurant l'indigne objet de fon coupable amour ?

RAYMOND.

Dans fes larmes noyée, accablée & mourante..

FAYEL *avec rapidité.*

Raymond, que m'apprens-tu ? Gabrielle expirante !
Va, cours à la prifon.. *Raymond a fait quelques pas, Fayel court*
après lui & l'arrête.

Attends .. je veux favoir ..
Jufqu'aux moindres horreurs de ce forfait fi noir. .
Développer le fil de cette perfidie ..
Gabrielle à ce point dans le crime enhardie !.

Il s'appuie la tête fur un fauteuil.

Que je fuis malheureux ! *il refte quelques tems dans cette*
fituation, enfuite avec vivacité à Raymond.

C'eft toi, cruel, c'eft toi
Dont l'efprit infernal s'eft emparé de moi ;

Tu connaissois mon cœur de soupçon susceptible ;
Tu sais que des mortels je suis le plus sensible..
Pourquoi me montrois-tu ce trop fatal écrit ?

R A Y M O N D.

Vous m'aviez dit , seigneur..

F A Y E L.

Non , je ne t'ai rien dit.

Tantôt à ses genoux déposant mes allarmes,
Je dissipois son trouble, & j'essuyois ses larmes ;
Mes transports.. pour jamais ils alloient se calmer ;
J'obtenois mon pardon ; elle auroit pu m'aimer :
Et tu viens m'arracher à cette douce ivresse,
Pour mieux envenimer le trait dont je me blesse,
Pour verser dans une ame, ouverte à la fureur ,
Tous ces sombres poisons dont s'enivre mon cœur !
Sans toi , mes yeux jaloux seroient fermés encore ;
Que me fait ce Couci que la tombe dévore,
Dans ses premiers soupirs un penchant étouffé ?
Mon amour violent en auroit triomphé.
Laisse-moi, malheureux , va , sors de ma présence,
Fuis, ou crains que la mort ne soit ta récompense..

*Raymond se retire , & Fayel se promène seul sur le devant
du théâtre quelques instants.*

Reviens , reviens ; dis-moi: songe que je t'entends,
Que le sang va couler dans ces affreux instants.

Parle, cet étranger que tu n'as pu connaître,

Vers ces bois le hazard l'aura conduit peut-être..

Les observois-tu bien? quels étoient leurs discours?

Il y va de ma vie; il y va de tes jours.

RAYMOND.

Je n'ai rien entendu...

FAYEL *d'un ton menaçant.*

Crains une mort cruelle..

RAYMOND.

On l'a surpris, seigneur, aux pieds de Gabrielle.

FAYEL.

Il étoit à ses pieds!. & son trop faible époux

Le bras levé sur elle, a retenu ses coups!

Et mon aveugle amour étoit prêt à l'absoudre!

Le crime est avéré: laissons tomber la foudre.

Ah! Raymond.. cher ami, t'ai-je pu condamner?

Excuse mes transports; tu dois me pardonner..

Mes malheurs ont aigri ce fougueux caractère,

Facile à s'adoucir, si l'on daignoit me plaire..

Ce n'est donc qu'à toi seul dans l'univers entier,

Qu'un maître infortuné pourroit se confier!

Tout irrite mes maux; nul espoir ne me flatte..

Il étoit à ses pieds!. tu mourras, femme ingrate;

Rien ne peut te sauver. *à Raymond.*

Allons, que ma fureur

Remplisse ce séjour d'épouvante & d'horreur,

De la foif de leur fang mon ame eft dévorée..;

De ces lieux, à Vergi qu'on défende l'entrée ;

Vers Dijon empreffé de retenir le roi,

Qu'il coure lui porter fon hommage & fa foi..

Les rois, tous les humains, & le ciel & la terre,

Je hais tout, & ma haine à tout livre la guerre..

SCÈNE IV.

FAYEL, COUCI, RAYMOND,

troupe d'écuyers & d'officiers de Fayel qui entourent Couci, chargé de fers, & n'ayant ni cafque ni épée.

FAYEL *tirant le poignard & courant avec impétuofité fur Couci.*

AH! je perce ton cœur!

Il s'arrête, & remet fon poignard à fa ceinture.

Non, monftre des enfers,

N'y rentre point encor, que fur ce cœur pervers

La mort prête à frapper, demeure fufpendue !

Qu'il coure lui porter. Nous avons déjà dit que le Preux de Vergi avoit été fecouru par Philippe Augufte dans fes démêlés avec le duc de Bourgogne, fon fouverain, aux conditions que le comté de Vergi releveroit de la couronne de France, &c.

Il faut me découvrir .. que je fouffre à fa vue ! ..
Il faut me découvrir les criminels détours,
Tous les forfaits cachés de tes lâches amours...
Où les tourments ..

COUCI.

Tu veux irriter mon courage ..
Je ne te rendrai point outrage pour outrage.

avec fierté.

Écoute-moi, Fayel; je te hais, & te plains.
S'il ne fe fût agi que de mes feuls deftins,
Crois que de tes fureurs l'indigne violence
Ne m'eût forcé jamais à rompre le filence;
J'ai vu de près la mort, & j'appris à mourir.
Plus ferme encor, je fais, & me taire, & fouffrir.
Un intérêt plus cher que celui de ma vie,
Je dirai plus, le feul dont mon ame eft remplie,
Pourra m'ouvrir la bouche, & me preffer enfin
D'effayer d'adoucir ce courroux inhumain;
Épuife fur mes jours ta cruauté jaloufe:
Mais réponds: que t'a fait ta malheureufe époufe ?
Pourquoi porter l'effroi dans fon cœur éperdu,
Quand fa vertu ..

FAYEL *furieux.*

C'eft toi qui vantes fa vertu,

F

Traître ? étoit-ce à ſes pieds ?.. & tu n'as qu'une vie !
A mon gré je ne puis aſſouvir ma furie !
Le trépas...

C O U C I.

Va, c'eſt moi qui devrois te montrer
Ce ſombre emportement où tu peux te livrer !
Tu m'arraches bien plus qu'une vie odieuſe
Dont la fin, ſans ton crime, eût été douloureuſe.
Tu me ravis un cœur.. tu m'ôtes tout, Fayel !.
Ah ! le trait de la mort n'eſt pas le plus cruel :
Il eſt d'autres tourments, ame atroce & barbare,
Que tous ceux qu'aujourd'hui ta rage me prépare !
Avant qu'un nœud formé par le ciel en courroux
Eût joint un digne objet au plus cruel époux,
Je l'aimois..

F A Y E L *éprouvant la plus cruelle agi-*
tation.

Tu l'aimois ?

C O U C I.

J'adorois Gabrielle;

Fayel dans ces moments eſt livré à toutes ſes fureurs, il ſe promène à
grands pas ſur le théâtre, regarde Couci avec des yeux enflammés,
va du côté de Raymond, revient à Couci.

Et j'attendois l'inſtant de m'unir avec elle.

FAYEL *à Raymond.*

Ne m'avois-tu pas dit que Couci n'étoit plus ?
Quel éclair m'a frappé?. pressentiment confus,
Qu'avec avidité ma vengeance t'embrasse !.
Quel autre que Couci montreroit tant d'audace ?
Pour m'accabler, les morts quitteroient leurs tombeaux !

COUCI.

Oui, j'ai revu le jour pour sentir tous les maux !

FAYEL *avec un cri.*

C'est Couci ! dans mes mains !. plaisir de la vengeance,
Je vais donc te goûter, & mon bonheur commence !
C'est Couci ! ce rival.. qui sans doute est aimé !.
Quel trait !. ah ! mon courroux s'est encore allumé !

à ses écuyers &c.

Avancez le tourment qui doit punir ce traître ;
Pour expirer cent fois ne sauroit-il renaître ?
Frappez. *Plusieurs de ses écuyers tirent leurs épées, & vont pour
frapper Couci.*

COUCI *avec une tranquillité dédai-
gneuse à Fayel.*

On te disoit chevalier !

F ij

FAYEL sortant de sa fureur, & prenant un ton plus modéré.

Et c'est toi

Qui me rends à l'honneur, à ce que je me doi !

à Couci avec transport.

Couci vient d'empécher que mon front ne rougisse !

C'est un crime de plus qu'il faut que je punisse.

Non, non, ne prétends pas, Couci, m'humilier :

Tu vas voir si Fayel est digne chevalier !

La honte m'eût flétri ; ton attente est trompée.

à ses écuyers &c.

Qu'on détache ses fers ; donnez-lui son épée ;

Qu'on m'apporte la mienne.. *ses écuyers sortent.*

Allons, c'est dans ces lieux ;

Qu'il faut qu'à l'instant même expire un de nous deux,

De ton sort & du mien que le glaive décide.

on détache les chaînes de Couci.

Je vais donc dans ton sang tremper ma main avide !

Les écuyers qui étoient sortis, reviennent & apportent l'épée de Couci & celle de Fayel ; ils présentent aussi des boucliers à leur maître.

Non, point de bouclier. Rejettons loin de nous

Ce qui peut affaiblir ou détourner les coups,

Combattons pour mourir ; c'est le prix que j'envie,

Pourvû que de sa mort la mienne soit suivie !

à Raymond.

Écoute-moi, Raymond. *Il l'amene sur le bord du théâtre, &*
d'une voix moins élevée.

Si, trompant ma fureur,

Mon destin ennemi, *en jettant les yeux sur Couci.*

le déclaroit vainqueur,

J'exige ta parole, & j'attends de ton zéle
Que tu plonges le fer au sein de Gabrielle,
Que son dernier soupir s'échappe avec le mien,
Surtout de mon trépas qu'elle ne sache rien,
Et, pour mieux la frapper, qu'elle entre dans la tombe,
En croyant que Couci sous mes armes succombe.

Il revient au milieu du théâtre vers Couci qui a l'épée à la main
ainsi que Fayel.

(*à ses écuyers, &c.*)

Si le Ciel protégeoit un rival détesté,
Laissez-le de ces lieux sortir en sûreté ;
Qu'on suive en tout les loix de la chevalerie ;
Que ma haine survive & non la perfidie.

à ses écuyers, &c.

Allez, nous combattrons, nous mourrons sans témoins ;
Pour croire à son honneur, je ne le hais pas moins :
Mais l'un & l'autre ici se rendent trop justice,
Pour craindre qu'un de nous recoure à l'artifice.

Les écuyers sortent.

F iij

SCÈNE V.

FAYEL, COUCI, *ils ont tous deux l'épée à la main.*

FAYEL *à Couci.*

Il s'apprête à combattre.

SONGE à parer mes coups.

COUCI.

Fayel, je fuis connu;
Peut-être jufqu'à toi mon nom eft parvenu;
L'Afie a vu tomber fes guerriers fous mon glaive,
Et mon trophée encor dans fes plaines s'élève:
J'ignore donc la crainte, & brave le danger;
Plus que toi, je dois être ardent à me venger:
Mais.. mon cœur accablé d'une douleur mortelle,
Ne voudroit que haïr l'époux de Gabrielle.

FAYEL.

Dans ces ménagements, perfide, j'entrevoi
Le fentiment fecret qui t'impofe la loi;
Tu crains d'être coupable aux regards d'une ingrate:
Tu ne l feras point; que notre haine éclate.

COUCI.

Oui fans doute, Fayel, je crains de l'offenfer.
Va !.. j'aime plus que toi. Tu brûles de verfer
Le fang que m'ont laiffé les fureurs de la guerre ?
Hâte-toi : de fes flots abbreuve cette terre ;
Tranche des jours affreux...

FAYEL.

     Ah ! barbare, c'eft moi
Qui defire ma fin, & qui l'attends de toi ;
C'eft Fayel qui demande à ta main vengereffe
Un trépas qui le fuit, & qu'il pourfuit fans ceffe..

à Couci avec tranfport.

Trompe-moi fur mes maux, dis-moi : lorfque Vergi..
Pourquoi m'a-t'il caché ?. tout eft mon ennemi !
Quand fa main préparoit ce nœud, ce nœud horrible,
Sa fille.. à ton amour étoit-elle fenfible ?
La feule obéiffance au pouvoir paternel
L'eût-elle décidée à marcher à l'autel ?
Ne crains point d'irriter une funefte flamme ;
Verfe tous les poifons jufqu'au fond de mon ame :
Elle t'aimoit ? *Il regarde Couci d'un air inquiet.*

   C O U C I, *marquant quelque embarras.*
Peut-être auroit-elle obéi..
Si fon pere eût voulu..

       F iv

FAYEL *avec fureur.*

Ton trouble t'a trahi.

Oui, l'on t'aimoit! on t'aime! ah monftre! à ma furie..

Il lui porte des coups d'épée.

Défends-toi, défends-toi; je t'arrache la vie.

Ils entrent, en fe battant, dans les couliffes ; on entend encore le bruit des épées , quelque tems après qu'ils fe font retirés.

FIN DU QUATRIÉME ACTE.

ACTE V.

Le théâtre est obscurci ; la scène ne change point : c'est le même appartement qu'on vient de voir dans l'acte précédent.

SCÈNE PREMIERE.

FAYEL, RAYMOND,

RAYMOND *empressé de suivre Fayel qui traverse le théâtre d'un pas précipité, la main appliquée sur son côté.*

VOTRE sang qui s'élance !. Arrêtez... un instant..
Acceptez de ma main le secours bienfaisant..

FAYEL *tombant de faiblesse dans un fauteuil, prenant un ton concentré & ténébreux qu'il gardera jusqu'à l'avant-dernière scène.*

Laisse-le s'échapper ; par torrents qu'il jaillisse !
Je ne puis assez-tôt terminer mon supplice !

FAYEL,

RAYMOND *raccommodant l'appareil de la blessure de Fayel.*

Souffrez...

FAYEL.

Ami, je cède à tes soins généreux :
Oui.. que mon ame encor ne rompe point ses nœuds !
O Ciel, qui me trahis, que Fayel vive une heure,
Le tems de se venger ! tonne ensuite, & qu'il meure.
Il garde un profond silence, & tombe dans l'accablement.

RAYMOND.

De quel effroi funèbre il a rempli ces lieux !
Le calme assoupiroit ses accès furieux ?

FAYEL *se levant avec impétuosité :*

Je sens de mes transports croître la violence,
Et je cours préparer.. la plus grande vengeance.
d'une voix plus sombre.
Je veux que la nature en frémisse d'horreur,
Que nos derniers neveux reculent de terreur..
Le courroux infernal lui-même auroit eu peine
A concevoir le coup que va porter ma haine ;
Moi-même.. je frissonne.

RAYMOND *vivement.*

Iriez-vous égorger
Votre épouse..

FAYEL.

Fayel.. saura mieux se venger.

RAYMOND.

Quoi, seigneur !

FAYEL.

Ce trépas rédouté du vulgaire,
Pour qui cherche à punir, n'est qu'un trait ordinaire ;
Oui, la mort la plus lente est le terme des maux ;
Dans ce dernier moment tous les coups sont égaux.
Une autre peine attend une épouse infidelle,
Raymond, & .. je voudrois qu'elle fût éternelle.
Peut-elle assez souffrir.. Grand Dieu ! je l'apperçoi..
Dis-lui qu'elle m'attende, & reviens près de moi.

SCÈNE II.

GABRIELLE, ADÈLE, RAYMOND.

Gabrielle est échevelée & mourante dans les bras d'Adèle qui l'a-
mène lentement sur la scène.

RAYMOND *à Adèle.*

Vous pouvez l'avertir, Adèle, que mon maître,
A ses regards ici va bientôt reparaître.

ADÈLE.

Raymond, peignez lui bien l'excès de sa douleur.

Raymond se retire.

SCÈNE III.
GABRIELLE, ADÈLE.

ADÈLE *en regardant sa maîtresse :*

HÉLAS ! de ses chagrins tout accroît la rigueur !
Tout s'obstine à nourrir sa tristesse profonde,
A briser tous les nœuds qui l'attachoient au monde !
O Dieu, viens l'appuyer de ton bras protecteur !
Il ne lui reste plus d'autre consolateur ;
Daigne écouter ma voix pour cette infortunée !..
Madame, ouvrez les yeux...

GABRIELLE *revenant à la vie, &*
avec un long soupir à Adèle.

Quelle est sa destinée ?

ADÈLE.

Que me demandez-vous ?

GABRIELLE.

Quoi ! tu ne m'entends pas ?
Et quel autre intérêt m'eût ravie au trépas ?
Pourquoi mon ame lasse & de crainte abattue,
Prête à m'abandonner, s'est-elle suspendue ?
Chère Adèle.. instruis-moi du destin de Couci ;
C'est mon malheureux sort qui l'amenoit ici !

ADÈLE.

Je voulois emprunter quelque lumière sure
Qui pût nous retirer de cette nuit obscure :
A mes regards, soudain Raymond s'est dérobé.

GABRIELLE.

Couci sous la vengeance auroit-il succombé?

ADÈLE.

Madame, tout se tait, tout présente à la vue
Une épouvante sombre en ces murs répandue ;
Votre époux n'eut jamais un front plus ténébreux ;
Il paroît méditer quelque projet affreux ;
La terreur l'environne, & le trouble l'égare...
Dans un morne silence, un festin se prépare..

GABRIELLE.

Adèle, qu'as-tu dit? un festin ! dans ce jour !
Le crime & le malheur menacent ce séjour.
Ciel, épargne Couci ! Couci n'est point coupable :
C'est à moi d'assouvir un courroux implacable.
D'une vie odieuse, ô Ciel, romps les liens,
Et veille sur des jours bien plus chers que les miens !..
Ma pitié, chere Adèle, a peine à se contraindre..
Mais de ce sentiment l'honneur peut-il se plaindre?
O vertu, pour fléchir sous ta sévérité,
Faudra-t-il étouffer jusqu'à l'humanité?

Tu me reprocherois mes secrétes allarmes ?

Ah! du moins permets-moi la douleur & les larmes.

A D È L E.

La source de ces pleurs peut-elle vous tromper ?

A de jaloux regards, croyez-vous échapper ?

G A B R I E L L E *avec une espèce d'emportement.*

Eh bien ! oui, c'est l'amour, c'est l'amour le plus tendre,

Non, Adéle, mon cœur ne veut point s'en défendre,

C'est la plus vive ardeur qui l'emporte aujourd'hui ;

Couci mort ou mourant, je ne vois plus que lui.

Non, je ne prétends plus dissimuler mon crime ;

Je viens à mon tyran présenter sa victime ;

Je viens justifier son courroux inhumain,

Implorer le trépas comme un don de sa main.

Il est tems que ses yeux pénètrent mes blessures,

Et que je mette fin à d'éternels parjures.

Est-ce donc triompher, & suivre la vertu,

Que de cacher un cœur de remords combattu,

De borner ses efforts à renfermer sa honte,

De n'oser de ses pleurs jamais se rendre compte?

Je rougis de manquer à la sincérité;

Ma bouche a trop longtems trahi la vérité :

Que Fayel sache enfin que sa femme l'offense,

Et... qu'un autre a sur moi conservé sa puissance.

En un mot, qu'il me frappe, & fauvons à ce prix..
ADÈLE.

Dieu! quel égarement agite vos efprits?
GABRIELLE.

Oui, grace au Ciel! le crime aifément fe devine,
Dans cette nuit d'horreur, on trame ma ruine..
Tu parlois d'un feftin par Fayel ordonné?
Comment.. pour quel fujet.. & quand eft-il donné?
Lorfque tout prend la voix du finiftre préfage..

Avec vivacité.

Mes yeux.. mes yeux, Adèle, ont percé le nuage;
La tempête eft finie, & j'entre dans le port:
Ce feftin qu'on apprête, Adèle, c'eft ma mort.
Je pénètre Fayel, & fon affreux filence;
Je ne me trompe point à l'art de fa vengeance:
Les plus mortels peifons qu'il aura pu choifir,
Crois-moi, feront mêlés aux mets qu'on va m'offrir.
Oui, ma perte eft certaine, & la main eft trop fure..
J'embraffe avec tranfport ce favorable augure;
Oui, mon barbare époux a comblé tous mes vœux.
Je vole à cette table, Adèle: mais je veux
Juftifier..

SCÈNE IV.

FAYEL, GABRIELLE, ADÈLE, RAYMOND.

Fayel paraît dans l'enfoncement du théâtre ; il parle à Raymond, Gabrielle va se précipiter à ses pieds.

GABRIELLE *vivement.*

SEIGNEUR, voyez couler mes larmes ;
Je le fais, contre moi je vous prête des armes..

FAYEL *troublé.*

à Raymond.

Levez-vous. Pour remplir l'ordre que j'ai donné,
Attends.. *Il veut faire relever Gabrielle.*

GABRIELLE.

Qu'à vos genoux mon fort soit terminé !
Mais l'innocence doit..

FAYEL *d'une voix sombre, & la forçant de se relever.*

Non : levez-vous , vous dis-je..

GABRIELLE.

Seigneur, j'obéirai, puisqu'un époux l'exige..
Elle apperçoit l'appareil plein de sang sur le côté de Fayel.
Dieu ! vous êtes blessé !

FAYEL

FAYEL *en la confidérant avec une fureur réfléchie.*

J'ai reçu d'autres coups,
Et celui-ci n'eſt pas le plus cruel de tous.

GABRIELLE *regardant de tous côtés, & enfuite ſe tournant vers Adèle, d'une voix baſſe & effrayée.*

Il eſt mort.. ah! je cède au trouble qui me preſſe..
à Fayel.

Seigneur.. apprenez-moi..

FAYEL *courant à Raymond, & d'un ton furieux.*

Vole: que l'on s'empreſſe.

RAYMOND.

Quoi! vous pourriez, ſeigneur..

FAYEL.

Hâte-toi d'obéir;
Et, quand il fera tems, tu viendras m'avertir.

G

SCÈNE V.

FAYEL, GABRIELLE, ADÈLE.

FAYEL *courant à Gabrielle & avec une fureur concentrée.*

JE t'entends.. ma fureur..

GABRIELLE *prosternée à ses pieds.*

Seigneur, prenez ma vie ;

Qu'en ces lieux, par vos mains, elle me soit ravie !

FAYEL.

Non, tu ne mourras point.. j'aspire à cet instant !

Tremble : tu ne sais pas la peine qui t'attend ;

Non, tu ne mourras point.

Courant vers Adèle avec emportement, & l'arrachant des bras de Gabrielle, qui veut la retenir.

Je te sépare d'elle,

Et pour jamais ; va, sors.

GABRIELLE *lui tendant les mains.*

Vous m'ôteriez Adèle !.

Eh ! c'est l'unique sein qui recueille mes pleurs !

Elle s'avance sur ses genoux vers Fayel qui ne la regarde pas.

Pouvez-vous ajouter encore à mes douleurs ?.

Elle a vû commencer le deftin qui m'accable;
Qu'elle en contemple, hélas! le terme déplorable.
Qui recevra mon ame & mon dernier foupir?
Qui du trifte linceul daignera me couvrir?..
Ne me refufez pas..

FAYEL,

à Adèle qu'il pouffe avec colère par le bras.

Sors de ces lieux, te dis-je.

à Gabrielle.

Va, ta beauté pour moi n'a plus qu'un vain preftige.

*Adèle fort, en regardant plufieurs fois fa maitreffe, & en levant
les yeux au ciel.*

SCÈNE VI.

FAYEL, GABRIELLE.

FAYEL *agité, parcourant le théâtre.*

CES perfides attraits, je les ai trop chéris!

GABRIELLE *toujours à genoux.*

Ah! mon père! mon père!..

FAYEL *venant vers Gabrielle.*

Il n'entend point tes cris;
Tu ne le verras plus; du féjour que j'habite,
A Vergi déformais l'entrée eft interdite.

G ij

FAYEL,

GABRIELLE.

Mon pere aussi, cruel?

Elle leve les mains au ciel.

Espoir des malheureux,
O mon Dieu! sur mon sort daigne abaisser les yeux;
Mon Dieu, daigne écouter ma voix qui te réclame!

FAYEL.

Il falloit l'implorer ce Dieu, lorsque ton ame
S'ouvroit au sentiment d'un amour criminel..

GABRIELLE *avec quelque fermeté.*

Ne déshonorez point l'épouse de Fayel.
Privez-moi de la vie, & laissez-moi ma gloire;
Du-moins de vos fureurs préservez ma mémoire...
Cessez de déchirer un cœur qu'on a forcé
De vous taire les maux dont il est oppressé ;
J'avois déjà donné, de l'aveu de mon père,
Ce cœur qui gémissant de son devoir austère,
A su pourtant garder son honneur & sa foi,
Se soumettre à l'hymen, & respecter sa loi..
Ah! je suis malheureuse & non pas criminelle,
Ne vous suffit-il point d'immoler Gabrielle?
Sans flétrir sa vertu, prononcez son arrêt,
Mais épargnez des jours qui ..

On observera que Fayel, pendant toute cette scène, a con-
tinué de parcourir le théâtre à grands pas, toujours dans la même
fureur, & Gabrielle n'a point quitté sa situation.

SCÈNE VII.

FAYEL, GABRIELLE, RAYMOND.

RAYMOND *à Fayel & d'un ton pénétré.*

SEIGNEUR.. tout est prêt.

GABRIELLE *à Fayel.*

On disoit qu'un festin..

FAYEL *la regardant avec une sombre fureur & d'un ton recueilli.*

Vous serez satisfaite..

Il vous attend. Allez.

GABRIELLE *entraînée par Raymond.*

Combien je te souhaite,

O mort! à mes douleurs tu vas donc mettre fin !

SCÈNE VIII.

FAYEL *seul, tantôt marchant à grands pas, tantôt s'arrêtant.*

QUELS affreux mouvemens s'élèvent dans mon sein !
Sur la coupable envain je déployerois ma rage!
Ciel ! celui qui punit souffre-t'il davantage ?

G iij

Il est donc vrai, Fayel : pour toi plus de bonheur!

Tu ne peux désormais inspirer que l'horreur ;

Tu ne peux plus aimer!.. eh bien! sentons la haine ;

Par les tourments d'autrui, je charmerai ma peine..

Si le sort à présent terminoit mon destin..

Ce froid mortel vient-il m'avertir de ma fin?.

Ah! donnons au courroux dont mon ame s'enivre,

Donnons tous les moments qui me restent à vivre.

SCENE IX.

FAYEL, RAYMOND.

FAYEL *allant au-devant de Raymond*
qui est dans le plus grand accablement.

ENFIN suis-je vengé?

RAYMOND.

Jour d'éternelle horreur!

Oui, vous l'êtes ... grand Dieu !

FAYEL.

Cette sombre douleur,

Tu devois l'éprouver, quand tu voyois ton maître

Le jouet, à la fois, d'une ingrate & d'un traître..

Sans doute à mes regards elle va se montrer?

RAYMOND.

La voici qu'on amène..

SCENE X.

FAYEL, GABRIELLE *soutenue par deux écuyers qui l'amenent lentement*, RAYMOND.

GABRIELLE *à Fayel.*

AU moment d'expirer ,
On me rappelle encor.. La haine ingénieuse,
A-t'elle imaginé quelque mort plus affreuse ?

On l'assied dans un fauteuil.

FAYEL *aux deux écuyers.*

Sortez.

Ils sortent.

SCENE XI.

FAYEL, GABRIELLE,
RAYMOND.

GABRIELLE *s'adressant à Fayel d'une voix défaillante.*

CRAINDRIEZ-vous qu'un poison sans vigueur
N'eût pas à votre gré servi votre fureur ?

G iv

Votre attente, Fayel, ne fera point trahie.

Mais quoi ! peu satisfait de m'arracher la vie,

De mon dernier moment vous brûlez de jouir !

Eh bien ! contentez-vous, & voyez-moi mourir.

FAYEL.

Le poifon.. *à Raymond.*

Que dit-elle ?

GABRIELLE.

Eh ! pourquoi cette feinte ?

Penfez-vous que ma fin m'infpire quelque crainte ?

Vous m'avez trop appris à voir de près la mort.

J'ai cru qu'à cette table, & j'ai béni mon fort,

Le trépas m'attendoit.. me ferois-je trompée ?

FAYEL.

Ma main, d'un coup plus fûr, perfide, t'a frappée..

Ce n'eft pas le poifon que renferme ton fein.

Raymond fait un gefte de terreur.

GABRIELLE.

Je ne mourrois pas ! ciel ! quel eft donc mon deftin ?

FAYEL.

D'expier un forfait..

GABRIELLE *d'un ton véhément.*

Que ta fureur redouble,

Inhumain !... *elle fe précipite à fes pieds.*

Ah ! feigneur, pardonnez à mon trouble..

Voyez-moi dans les pleurs, embraffer vos genoux ;
Contre une infortunée armez votre courroux ;
J'ai feule mérité toute votre colere ;
Mais.. mais daignez fauver.. je ne puis plus me taire.

FAYEL *la regardant avec fureur.*

Femme indigne !. tu veux me parler de Couci ?

GABRIELLE *toujours aux pieds*
de Fayel, & vivement.

Seigneur, c'eft le hazard qui l'a conduit ici ;
Il n'étoit point inftruit qu'une chaîne éternelle.. ;
Frappez, feigneur.. je fuis la feule criminelle ;
Sans nul efpoir enfin, Couci quittoit ce lieu ;
Hélas! nous nous difions un éternel adieu ;
Je lui cachois des pleurs, qu'en fecret je dévore.
Je ne le verrai plus..

FAYEL.

Tu vas le voir encore ;
Lève, lève les yeux ; *Il tire le rideau qui couvre la porte*
de l'autre appartement :
Regarde : c'eft ainfi
Qu'un époux outragé fait te rendre Couci.

Gabrielle fe lève, & fait un cri en voyant le corps de Couci qui
eft dans les couliffes, couvert du manteau des croifés.

GABRIELLE.

Couci ! *elle va retomber dans le fauteuil.*

Dieu ! qu'ai-je vû ?

FAYEL.

Ton ouvrage, perfide.

Pour lui percer le flanc, tu m'as servi de guide ;

C'eſt toi, c'eſt ton amour qui m'a pouſſé le bras ;

C'eſt de ta main qu'un traître a reçu le trépas ;

Le voilà cet amant !. contemple ma victime.

GABRIELLE *s'abandonnant au déſeſpoir.*

Couci ! Couci n'eſt plus ! ô déſeſpoir ! ô crime !

FAYEL.

Oui, j'ai commis un crime, & c'eſt de t'adorer !

GABRIELLE *avec tout l'emportement poſſible.*

Cruel ! puiſque de ſang tu te veux enivrer,

Qui retient ta fureur ſur mes jours ſuſpendue ?

Que j'obtienne une mort trop long-tems attendue !

Viens déchirer ce ſein qui demande tes coups ;

En y plongeant le fer, montre-toi mon époux.

Ces nœuds, ces nœuds ſacrés qui nous lioient, barbare,

Tu les as tous rompus, le crime nous ſépare ;

Frappe un cœur déſolé qui, rebelle à ſa foi,

Ne peut plus reſſentir que de l'horreur pour toi.

Ne ſuis que les tranſports du courroux qui t'enflamme,

Oſe à cette victime, oſe ajoûter ta femme :

Elle ne connait plus ni raison, ni devoir,
Ni les droits de l'hymen, ni ton fatal pouvoir,
Ni le soin de sa gloire, & de sa renommée ;
Toute entière aux douleurs dont elle est consumée,
Pleine d'un souvenir qui ne mourra jamais,
Tu la verras livrée à d'éternels regrets ;
Tyran, tu m'entendras te répéter sans cesse,
Que toujours à Couci j'ai gardé ma tendresse,
Que rien n'a pu détruire un penchant malheureux,
Que le tems & ta haine ont animé ces feux,
Que malgré le trépas, malgré toute ta rage,
Les traits approfondis d'une si chere image
Se graveront toujours dans mes sens éperdus,
Que même en ce moment je l'adore encor plus ...
Oui, chère ombre, reçois les vœux que je t'adresse,
A tes mânes sanglants je fais cette promesse,
Je te jure un amour, *en regardant Fayel.*

> Qui brave sa fureur..

à Fayel.

Va ; je ne te crains plus.. je meurs de ma douleur.

FAYEL.

Poursuis, poursuis ; ma haine est trop justifiée,
Et de tes pleurs encor n'est point rassasiée !
Non, ce n'est point la mort que je veux te donner :
Un autre à cette peine auroit pu se borner ;

Le poison n'auroit pas assouvi ma vengeance;

Va, j'ai su mieux punir l'ingrate qui m'offense;

Par de nouveaux éclats, tu viens de m'outrager:

Ton époux n'a plus rien, perfide, à ménager.

Malgré moi, combattu par une pitié vaine,

J'ai frappé jusqu'ici d'une main incertaine,

Et dans ce moment même encor tu me bravois?

Reçois le dernier coup que je te reservois:

Gabrielle l'écoute, avec une curiosité mélée d'effroi.

Dans ce sein où mon fer s'est ouvert un passage,

J'ai surpris une lettre, aliment de ma rage:

J'ai lu que mon rival, pour prix de ton ardeur,

Vouloit qu'après sa mort on te portât son cœur..

G A B R I E L L E.

Achève.. achève.. ô ciel! quelle terreur soudaine!.

F A Y E L.

Tu sors de cette table où t'appelloit ma haine,

Où la vengeance étoit assise à tes côtés..

G A B R I E L L E *se levant à moitié.*

Eh bien!..

F A Y E L.

Parmi les mets que l'on t'a présentés,

Le cœur de ton amant.. frémis.. tu dois m'entendre.

GABRIELLE.

Son cœur!.. *avec un cri.*

Ah! je vois tout! *elle va vers le corps de Couci.*

F A Y E L *tirant son poignard sur Gabrielle,*
la pousse d'un bras, & de l'autre la menaçant du même poignard.

Tombe, & meurs sur sa cendre..

Elle tombe sur le corps de Couci, Fayel va la poignarder.

SCENE XII & *dernière.*

FAYEL, GABRIELLE, VERGI, RAYMOND, ADÈLE, *écuyers, &c.*

V E R G I, *mettant la main sur son*
épée pour repousser les écuyers de Fayel qui veulent l'empêcher
d'entrer, & suivi d'Adèle qui court à Gabrielle ; il vole à Fayel,
& lui arrache son poignard qu'il jette à terre.

ARRÊTE.. qu'ai-je appris ? que d'horreurs !

Il se penche sur sa fille, l'embrasse, & tâche de la soulever.

Lève-toi,

Adèle de son côté cherche à faire revenir Gabrielle, Fayel est
immobile de fureur.

Gabrielle.. ma fille.... ouvre les yeux.. c'est moi..

110 FAYEL, TRAGÉDIE.

à Adèle.   *à Gabrielle, en pleurant.*

Prêtez-moi votre main.. c'est ton malheureux père..
Ma fille, dans mes bras viens revoir la lumiere..
Adèle.. c'est envain que nous la secourons!

Ils la soulevent, & elle retombe comme un corps privé de la vie.

Ma fille!. *Il est à genoux penché sur le corps de sa fille, qui vient*
d'expirer de douleur.

à Fayel.

Elle n'est plus! ah, barbare!.

FAYEL *s'arrochant avec fureur son*
appareil.

Mourons.

Fayel tombe dans les bras de Raymond.

Le rideau s'abaisse.

FIN DU CINQUIEME ET DERNIER ACTE.

Errata. Page 33. Ou serais-je ton père? *lisez* Ou serai-je ton père?

EXTRAIT

DE L'HISTOIRE

DU CHÂTELAIN DE FAYEL.

EXTRAIT

DE L'HISTOIRE
DU CHÂTELAIN DE FAYEL.

RAYNAUD de Fayel étoit fils d'un Albert de Fayel qui vivoit en 1170; il falloit que ce fût une maison déjà connue, puisque l'on a conservé un acte qui contient un accord passé entre Philippe-Auguste & cet Albert de Fayel pour des biens situés à Jonquieres; selon quelques écrivains, elle étoit alliée à la maison de Mailli.

Raynaud, dès l'âge le plus tendre, avoit laissé *Portrait de* éclater des saillies de ce caractere impétueux, qui, *Fayel.* développé, devint sombre, farouche & s'emporta aux plus violents excès; le premier trait de fureur qui lui échappa, fut de s'armer contre son pere; il détestoit le monde, auquel il étoit odieux; tout prenoit

H

à ses yeux l'empreinte de la noire mélancolie qui le dévoroit, & qui conduit l'homme aux plus cruelles extrémités. On a remarqué que cette disposition ténébreuse de l'ame produit les célèbres criminels, au-lieu que la douce mélancolie entretient ce sentiment tendre qui mène à la vertu & surtout à l'amour de l'humanité. Combien influe dans le cœur humain une différence de teintes plus ou moins marquées ! bien peu de chose sépare la vertu du crime !

Fayel dominé par son affreuse misantropie ne recherchoit que les lieux écartés ; il voit Gabrielle de Vergi : son cœur s'ouvre avec fureur à tous les transports de l'amour ; tous ses emportements se concentrent dans un seul qui est la passion la plus enflammée ; la malheureuse Gabrielle devient enfin son épouse.

Elle étoit fille de Guy de Vergi, à qui l'on avoit donné le surnom de Preux ; c'étoit un des premiers

---

De Guy de Vergi. Cette maison tiroit son origine du château de Vergi, qui fut ruiné par l'ordre de Henri IV en 1609. Ce seigneur de Vergi fut surnommé le *Preux.* On a déjà dit que ce nom étoit le comble des éloges pour les chevaliers ; quand ils avoient remporté le prix dans les tournois, on s'écrioit : *honneur aux fils des Preux.* J'ajouterai qu'il falloit avoir autant de probité que de courage pour mériter cette dénomination. Un Jean de Vergi dans la suite accompagna le duc de Bourgogne à Montereau.

Barons de Bourgogne ; les Papes Eugène III , & Anaſtaſe IV, avoient imploré ſon aſſiſtance & ſa protection en faveur de l'abbaye de Vezelay contre les Comtes de Nevers ; ſes ancêtres s'étoient diſtingués par les places éclatantes qu'ils avoient remplies, & par leur mérite perſonnel ; ils ſortoient de petits ſouverains connus alors ſous le nom de feudataires des ducs Français. Le ſeigneur de Vergi eut un démêlé avec Hugues III, duc de Bourgogne au ſujet de ſon comté de Vergi ; il eut recours à Philippe-Auguſte qui embraſſa ſa défenſe ; Vergi rentra dans ſes poſſeſſions à condition qu'il en feroit hommage à nos ſouverains.

Il avoit amené ſa fille avec lui. Rien n'avoit paru de plus beau à la cour de France ; Gabrielle recevoit des éloges même de ſon ſexe ; une douceur inexprimable lui prêtoit un nouveau charme ſupérieur encore à l'éclat de ſa beauté. A peine ſe fut-elle montrée chez la reine que tous les courtiſans ſe diſputerent l'honneur de lui offrir leur main ; on ne ſait trop comment Fayel obtint la préférence.

Raoul de Couci, pour les graces autant que pour

Le Seigneur de Vergi une des premieres maiſons de Bourgogne.

Portrait de Gabrielle de Vergi.

Portrait de Raoul de Couci.

Raoul de Couci. Couci tiroit ſon nom de la terre de Couci en Picardie. Celui dont on a le plus de connoiſſance eſt un Dreux

la valeur, étoit à la tête des jeunes chevaliers Français; on eut dit que le Ciel l'eût destiné pour époux à Gabrielle, tant ils étoient égaux en naissance, en agréments, en vertus! La famille de Couci ne voyoit que le thrône audessus d'elle; elle étoit alliée à presque toutes les maisons souveraines de l'Europe. Enguerrand de Couci, surnommé le *Grand*, pere de celui dont nous parlons, avoit joui de la plus haute faveur sous plusieurs de nos rois & surtout sous Louis le jeune; son fils étoit le favori déclaré de Philippe Auguste; ce fut lui qui détermina ce monarque à faire la guerre à Philippe d'Alsace, comte de Flandres, seigneur de Crépi. Il y a tout lieu de croire que Gabrielle & Couci, dès le premier moment qu'ils se virent, s'aimerent, & gémirent tous deux en secret d'être obligés de ne point vivre l'un pour l'autre; on prétend que Fayel ne tarda pas à surprendre cette inclination mutuelle dont cependant la vertu n'eut jamais droit de s'allarmer: mais la jalousie a d'autres yeux que la raison & la vérité.

---

de Couci, seigneur de Boves vivant en 1035. Ils firent du bien aux Prémontrés ainsi qu'à l'Abbaye de Foigny. Il y eût un seigneur de Couci qui s'établit en Sicile du tems de Charles le Chauve. Raoul de Couci, en latin *Rodolphus*; c'est donc une faute de dire seigneur de Raoul, &c. comme on dit, seigneur de Couci, &c.

Il y a deux châteaux de Fayel, tous deux situés près de la riviere d'Oyse, l'un vers Compiégne dans le Valois, l'autre dans le Vermandois du côté de Noyon. Le château de Couci n'étoit pas éloigné de la riviere d'Oyse. Ce jeune seigneur joignoit aux charmes de la figure un esprit délicat & fait pour plaire, surtout à un sexe qui préfere la fleur des arts d'agrément aux épines de la science & de l'érudition. Couci étoit regardé pour ses chansons comme l'égal d'Abeilard. Il n'y a point de doute que cet

Couci, l'égal d'Abeilard point se chansons.

L'égal d'Abeilard. On a des vers de Raoul de Couci que dans le tems on mettoit à côté de ceux d'Abeilard, qui étoit mort en 1138; il composa un poëme intitulé, *le Retour de Vénus dans les cieux*, où se trouvent ces vers, (c'est l'Amour qui parle à Junon.)

» Jupiter qui le monde reigle,
» Commande & établit à reigle,
» Que chacun pense d'être à ayse,
» Et fist feet chose qui lui plaise

. . . .

» Et afin que tous s'ensuivissent,
» Et qu'à ses œuvres se premissent,
» Exemples de vivre faisoit
» A son corps ce qui lui plaisoit, &c.

Voici encore d'autres vers de Couci partant pour la Terre Sainte.

» Se mes corps va servir notre Seigneur,
» Mes cuers remaint du tout en sa baillie,
» Por li m'envois soupirant en Surie,

H iij

amant poëte eut l'indifcrétion de faire fa maitreffe l'héroïne de fes vers, & qu'ils parvinrent jufqu'à Fayel qui, dans les amufements les plus indifférens, foupçonnoit des liaifons criminelles.

Peut-être Gabrielle n'avoit-elle pas rejetté les douceurs d'un commerce féduifant ; elle s'y étoit livrée avec d'autant plus de fécurité que le devoir paraîffoit n'avoir rien à lui reprocher ; elle n'avoit pu dumoins fe diffimuler qu'il n'eft point de légere démarche pour une femme qui n'eft plus maitreffe de fon cœur, & qui eft liée par un engagement facré dont la fin n'eft fouvent que le terme de la vie. L'époufe de Fayel étoit donc renfermée dans un de ces châteaux dont nous avons parlé, comme dans une efpèce de tombeau, loin de toute fociété, expofée aux fureurs outrageantes d'un mari qui aimoit comme les autres hommes haïffent. Couci vint à favoir tous les mauvais traitements qu'elle effuyoit ; il apprit encore qu'il en étoit la principale caufe, que c'étoit par rapport à lui que Gabrielle fubiffoit une auffi rigoureufe captivité ; il aimoit, & il connoiffoit toute la délicateffe, tous les facri-fices dont eft fufceptible le véritable amour ; il réfolut de s'immoler plutôt cent fois, que de coûter une feule larme à une femme qui lui devenoit tous les jours plus chere; il faifit une occafion qui vint s'offrir à fa valeur.

On connoît le grand reffort de ces tems, qui produifit tant d'effets finguliers, & en même-tems fi funeftes aux trois quarts de l'Europe. La fureur des croifades, car ç'étoit une des maladies de l'efprit de ce fiécle, ne s'étoit point rallentie; le mauvais fuccès des autres entreprifes de ce genre, n'avoit pu affaiblir ce malheureux enthoufiafme. Saladin, un des plus grands hommes qui aient commandé, s'étoit emparé de Jérufalem, après en avoir défait & pris le dernier fouverain, que l'on nommoit Guy de Lufignan. Cette perte avoit entraîné celle de la plupart des autres poffeffions des chrétiens dans ces contrées : il ne leur étoit refté que trois villes, Anthiôche, Tripoli, & Tyr. Le pape Urbain III, à cette nouvelle, avoit fuccombé au chagrin : Henri roi d'Angleterre en fut pénétré de douleur; Philippe-Augufte conçut quelques années après le deffein de venger la chrétienté; il fit donc proclamer une nouvelle croifade; le fucceffeur de Henri entra avec chaleur dans les vues du monarque

Nouvell croifade.

H iv

Français; ces deux princes suspendirent leurs démêlés particuliers, & se réunirent pour aller combattre les infideles. Ptolémaïs, autrement Acre, ou St. Jean d'Acre, étoit un port considérable, également nécessaire, & aux chrétiens pour conserver les places qui leur appartenoient encore, & à leurs enne-mis pour assurer la communication de l'Égypte avec la Syrie; il y avoit près de deux années que Lusi-gnan en faisoit le blocus, & qu'il se consumoit en efforts, jusqu'alors peu favorisés de la fortune; ce fut par la prise de ce port que les deux rois réso-lurent de commencer leurs conquêtes.

Couci fit remettre à Gabrielle une longue lettre trempée de ses larmes & où il lui rappelloit tous les détails de sa passion également innocente & malheureuse; il s'arracha ensuite de son château, & courut accompagner son maître à sa nouvelle expédition.

Le siége d'Acre fut poussé avec vigueur. La vie étoit devenue insuportable à Couci; il aimoit tou-jours Gabrielle avec transport, & la voyoit dans les bras d'un autre; l'espérance même qui est la dernière ressource des infortunés ne pouvoit lui en impofer; il ne cherchoit donc qu'à fe délivrer du fardeau de douleurs qui l'accabloit; il fit des prodiges de bravoure; enfin au moment que la place allait fe rendre, Couci reçut une bleffure qui fut jugée mortelle. Notre jeune héros vit approcher le dernier inftant avec toute l'intrépidité du guerrier, & toute la réfignation du chrétien; il eut le tems de mettre ordre à fes affaires, & de pourvoir même à fa fépulture. Quand il eut fatisfait à ces devoirs, il ne s'occupa plus que de fon amour & de celle qui en étoit l'objet; il chargea fon écuyer que quelques hiftoriens appellent Beaudilier, & d'autres Monlac, d'une lettre pour la dame de Fayel; cet écrit renfermoit les fentimens de l'amour le plus vertueux : Couci difoit à fa maitreffe qu'il mouroit content, puifqu'il ne pouvoit vivre pour elle; il prenoit le Ciel à témoin que fa tendreffe avoit toujours été auffi pure que vive; il ajoutoit qu'il expiroit avec la ferme croyance que de pareils fentiments n'offenfoient ni la vertu ni la religion; il finiffoit cet écrit par fupplier Gabrielle

Couci eft bleffé à mort au fiége d'Acre.

Nouvelle lettre qu'il écrit à fa maitreffe.

A fa fépulture. Il ordonna qu'on tranfportât fon corps à l'Abbaye de Foigny.

de vouloir bien conferver le don que fon écuyer lui remettroit de fa part, & d'accepter l'hommage de fes derniers foupirs.

Couci joignit à ce billet un cordon de cheveux & de perles, préfent qu'il avoit reçu de Gabrielle, & qu'il lui renvoyoit. Il n'en refta pas à ces témoignages d'un amour qui méritoit un meilleur fort : il fit promettre à fon écuyer qu'auffitôt qu'il auroit rendu l'ame, fon cœur feroit embaumé, renfermé dans une boëte d'or & porté à fa maitreffe ; l'écuyer jura de remplir fes volontés ; fon maître qui comptoit fur fa parole, fe tourna entierement vers Dieu, & mourut dans les fentiments de la plus haute piété.

On voit dans cette mort le caractere parfait de nos anciens chevaliers qui allioient l'amour de Dieu avec *l'amour de leurs Dames*, & qui étoient éloignés d'imaginer que cette bigarure fût une profanation aux yeux de la divinité.

L'écuyer qui n'ignoroit pas toute la rigueur des loix de la chevalerie, fe fit un point d'honneur d'exécuter les ordres de Couci ; il fe mit en chemin chargé du précieux dépôt ; arrivé près du

château de Fayel, il fe confulta fur les moyens
d'entrer & d'arriver jufqu'à Gabrielle, fans être
apperçu du mari. Le fort, qui femble prendre
plaifir furtout à déconcerter les projets des amants,
voulut que le jaloux Fayel rencontrât l'écuyer
dans fon parc; il le connaiffoit, & fa défiance crut
bien-tôt avoir découvert ce qu'il cherchoit lui-même
quelquefois à fe diffimuler; l'écuyer fait réfiftance:
Fayel, aidé de fes officiers, s'en empare, le menace,
lui arrache en un mot la vérité, fe faifit de la lettre,
du cordon de cheveux, & du cœur, & poignarde lui-
même de fa propre main le fidèle ferviteur de Couci.
Alors l'époux furieux n'eft plus incertain fur les
fentiments de fa femme; il voit qu'il n'eft point aimé,
& auffi-tôt il médite une vengeance infernale, dont
l'hiftoire peut être ne nous avoit pas encore offert
d'exemples; il ordonne qu'on hache le cœur de Couci
& qu'il foit mêlé avec d'autres viandes; le mets eft
préfenté à la dame de Fayel qui contre fa coutume
mangea plus qu'à l'ordinaire. Le départ de Couci &
les emportements continuels de fon mari l'avoient
pénétré d'une douleur profonde, dégénérée en langueur. A peine a-t-elle quitté la table que fon

L'écuyer rencontré & tué par Fayel qui fe faifit de la lettre, du cordon de cheveux, & du cœur.

Le barbare Fayel fait fervir ce cœur haché avec d'autres viandes à Gabrielle.

bourreau lui demande, avec un air de cruauté
satisfaite, comment elle a trouvé le plat qu'on lui
avoit servi : cette malheureuse femme répond qu'il
lui avoit fait quelque plaisir ; je n'en suis pas étonné, s'écrie le barbare, tu as mangé le cœur de
Couci ; il est dans le tien : ces mots sont une énigme
pour Gabrielle : il lui présente la lettre, le cordon
de cheveux, &c. toute l'atrocité de la vengeance
de Fayel est dévoilée aux yeux de cette infortunée.
Je me servirai de l'ancien langage pour n'altérer
rien de sa réponse dont la naïveté est pleine de
sentiment. » *Il est vrai, monsieur, que j'ai beaucoup*
» *aimé ce Couci qui méritoit de l'être, puisqu'il n'y*
» *en eut jamais de plus généreux, & puisque j'ai*
» *mangé d'une viande si noble & que mon estomách est*
» *le tombeau d'une chose si précieuse, je me garderai*
» *bien d'en mêler d'autre avec celle-là.*

Fayel ap-
prend à la
femme qu'el-
le a mangé le
cœur de son
amant. Ré-
ponse de cet-
te infortu-
née.

Mort de
Gabrielle.

Gabrielle, après ce peu de mots, ne parla plus ;
elle courut s'enfermer dans son appartement, refu-
sa obstinément toute espèce de nourriture pendant
quatre jours qu'elle vécut encore, & fut trouvée
étendue sur la terre, & morte dans les sanglots &
dans les larmes.

La Croix du Maine, le président Fauchet, M^{elles.} de Luſſan, ont conſacré dans leurs ouvrages, cette hiſtoire à la fois ſi touchante & ſi horrible ; M^{elles.} de Luſſan ſur-tout lui a prété les graces attendriſſantes du roman ; ſi elle eût eu quelque idée du *genre ſombre*, elle auroit tiré un bien autre parti de cette anecdote, en y jettant tout l'intérêt qui réſulte du pathétique & terrible réunis. Nous avons des écrivains qui révoquent ce fait en doute; Ducheſne, dans ſon hiſtoire de la maiſon de Couci, n'en fait aucune mention. Ce qu'il y a d'aſſuré, c'eſt qu'elle eſt très-vraiſemblable, graces aux excès monſtrueux de barbarie, où ſe laiſſoit emporter une foule de petits deſpotes ſubalternes qui déſoloient la France ; il y en a eu qui pour des haines particulieres, ont brûlé des châteaux, ont fait

l'écrivain
qui citent
cette anec
dote qu
d'autres re
jettent.

La Croix du Maine. Je ne connoiſſois pas ces écrivains, quand je conçus le deſſein de faire une tragédie du ſujet de FAYEL ; j'étois fort jeune ; la Romance ſi attendriſſante de Gabrielle de Vergi me tomba entre les mains : c'eſt donc à ce petit ouvrage que je ſuis redevable de l'impreſſion qu'excita en moi cette anecdote.

Je ne me juſtifierai pas ſur les altérations de la vérité, ſur les anacroniſmes ; je l'ai déja dit, ce n'eſt pas une hiſtoire que j'ai eu le projet de compoſer, c'eſt une tragédie: heureux ſi l'on n'avoit pas d'autres reproches à me faire!

des prisonniers & les ont égorgés eux-mêmes de sang-froid ; d'autres s'emparoient à force ouverte d'une femme dont ils étoient devenus amoureux , ou d'une fille que les parents leur avoient refusé en mariage ; les malheureux serfs étoient les jouets & les victimes du caprice de ces tyrans féodaux. Voilà pourtant le gouvernement que le comte de Boulainvilliers s'avisoit de regretter ! Qu'on juge par ces horreurs si un corps de monarchie n'est pas préférable à toutes ces autorités divisées, & sub- divisées. Connoissons bien notre bonheur & n'allons pas demander au Ciel une autre légillation.

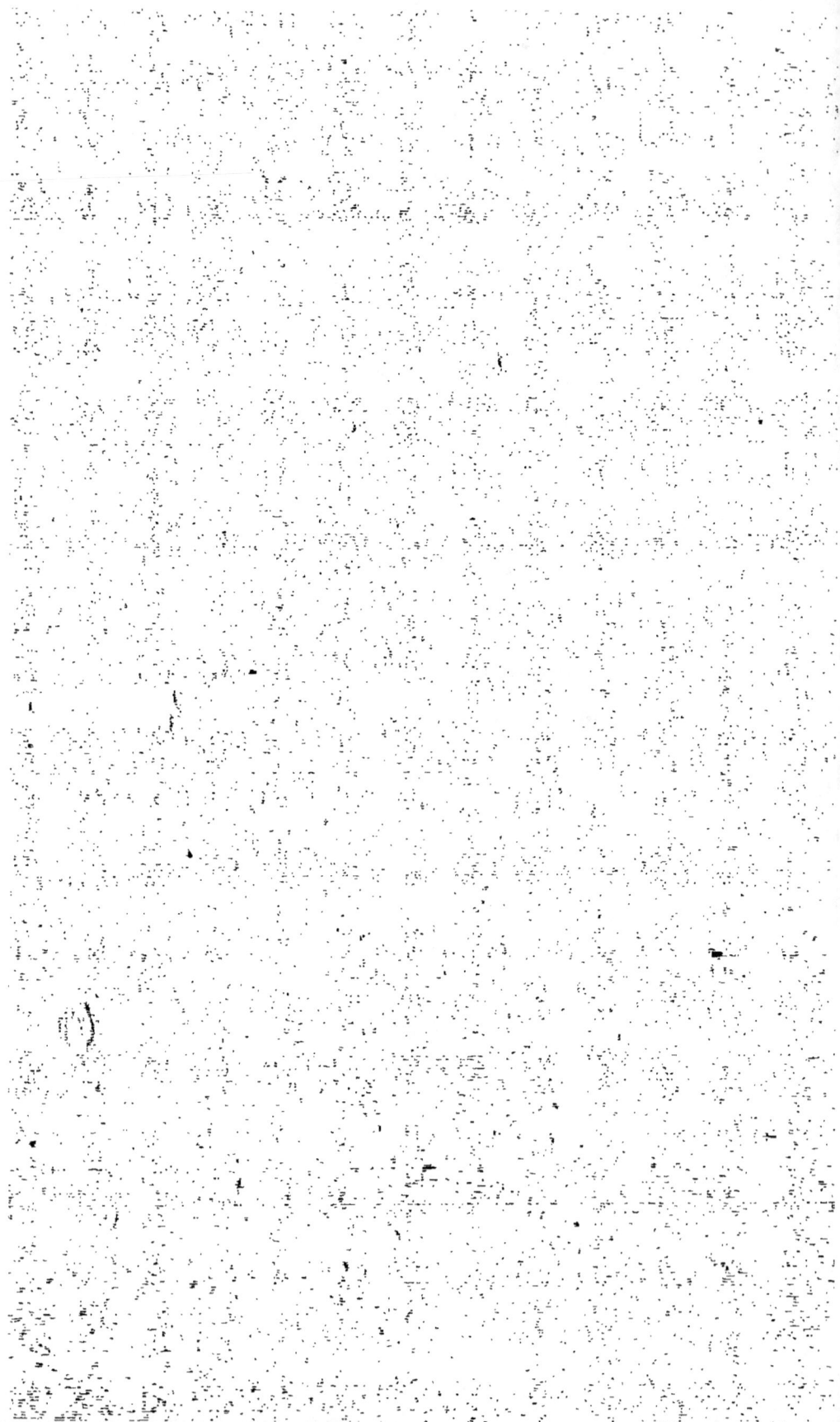

www.ingramcontent.com/pod-product-compliance
Lightning Source LLC
Chambersburg PA
CBHW052053090426

42739CB00010B/2161